솔도파의
작은
거인들

탑파에 새겨진 작은 거인들을 만나다!

솔도파의 작은 거인들

초판 1쇄 인쇄 2012년 12월 17일
초판 1쇄 발행 2012년 12월 24일

사 진   유남해
지은이   주수완
펴낸이   전영순
디자인   dreamdesign / 서현정
펴낸곳   **(주)기운센**
         등록번호 제 2012-00011호(2011년 12월 7일)
         주소 서울시 서초구 잠원동 29-1 호영빌딩 601호
         전화 02-517-9385
         팩스 02-517-9386
         이메일 dahal@dahal.co.kr

ISBN   9788996817543 03900

© 유남해 / 주수완, 2013

값 28,000원

탑파에 새겨진 작은 거인들을 만나다!

솔도파의 작은 거인들

사진 **유남해** 글 **주수완**

다홀미디어

탑파에 새겨진 작은 거인들!

　정년을 앞두고 뒤 돌아보니 카메라를 들고 산야를 누비고 다닌지 40여년! 무언가 이루려고 시작한 일은 아니지만 아쉬움이 남는다. 그 동안 전국의 문화재를 찾아다니며 역사를 기록한다는 자부심 하나로 나름 열심히 다녔다. 그동안 보람이라면 『한국민족문화대백과사전』 편찬에 30여 년간 참여했고, 10여년 전 남들이 하기 힘들어 하는 전국 산하의 마애불을 촬영하여 『한국의 마애불』을 낸 것이 기쁨이었다.

　전국 산하, 문화재를 찍으러 여기저기 다니다 보니, 내 마음같이 작지만 큰 의미를 갖는 탑파의 조각들, 대부분의 사람들이 무심코 지나쳤을 '작은 거인들'이 나를 부르는 것 같아 거기에 빠져들고 말았다. 그들은 단순한 조각이 아니라 탑을 지키고, 부처를 수호하는 나름의 의미를 가지고 각자의 위치에서 무언가 충실한 역할을 하고 있음을 알게 되었다. 그래서 그들이야 말로 아무도 알아주지 않지만 말없이, 그리고 자신의 위치에서 굳건하게 부처를 지키는 작은 거인들이란 생각이 들었다.

　비천 · 사천왕 · 인왕상 · 금강역사 · 가릉빈가 · 주악상 · 사방불 · 팔부중상 · 십이지신상 · 사자상 등 다양한 군상들이 맡은 역할을 하기 위해 얼마나 진지한가를 그들의 표정을 보면 금방 알 수가 있다.

　기단의 사자만 보더라도 8면의 사자가 각자 보는 위치에 따라 매서운 눈초리로 쳐다보는 것에서 오싹한 위엄을 느낄 수 있으며, 악기를 연주하는 주악상을 보노라면 음악이 들리고, 그 음율에 춤을 추고 싶은 충동을 느낀다. 인왕상을 보라!

부릅뜬 눈으로 주먹을 불끈지거나 삼지창을 쥐고 자신들의 역할에 얼마나 충실한가를!

나름대로의 위치에서 충실한 역할을 하는 '작은 거인들'이 오랜 세월 풍화로 마모되어 스스로의 본 모습이 선명치 못함으로써 역할도 제대로 못하는 것이 아닌가 하여 안타까웠다. 따라서 이 산하를 지키고, 부처를 지키고, 탑을 수호하는 그들 본연의 모습을 찾아주는게 나의 역할이 아닌가 하는 의무감에 하나씩 둘씩, 그들 모습을 찾기에 노력한지 10년이 넘었다.

그들의 의미와 역할은 연구자들의 몫이라 생각하던 차에 주수완 박사가 그 역할을 맡아 주었다. 주수완 박사 역시 내 뜻을 이해하고 충실하게 그들의 의미와 역할을 1년이 넘게 조사하고 정리했다.

작은 거인들의 모습이, 그리고 그들의 역할이 불교미술을 연구하는 연구자들은 물론이요, 불교를 이해하고자 하는 일반인, 우리것을 사랑하는 많은 사람들에게 조금이라도 도움이 된다면, 지난 40여년간의 전국의 문화재, 자연, 산하를 찍으러 다닌 보람이 조금이라도 있지 않을까 생각된다.

무거운 카메라 가방을 메고 답사를 함께 해준 아내 김남순에게 고마움을 전한다.

2012년 10월

음성 수릿내 에서 **유 남 해**

| 차 례 |

싯달타 가시니
불타가 오고

◎

불탑장엄의 세계

동양의 헤라클레스,
금강역사

|

경주 장항리사지
동 · 서 오층석탑

동양의 헤라클레스, 금강역사
경주 장항리사지 동·서 오층석탑

서양미술에서는 인간의 몸을 아름답게 노출시킨 작품을 쉽게 찾아볼 수 있지만, 동양미술에서는 점잖은 사람들을 옷자락에 꽁꽁 싸매어 표현한 경우가 대부분이다. 아주 특이한 사례로 근육질의 몸을 자랑하는 금강역사가 있는데, 이는 그 강렬한 인상만으로도 사리를 넘보는 사람들을 제압하기 위한 의도를 지니고 있다. 그 가운데 대표적인 사례가 장항리사지탑에 새겨진 금강역사다.

감포 앞바다의 대왕암과 감은사지를 둘러보고 경주로 돌아오다 보면 약간은 분홍빛이 도는 듯한 돌들이 인상적인 계곡을 지나게 된다. 장항리사지는 이 계곡 건너편에 자리잡고 있다. 불교미술사에서 매우 중요한 의미를 지닌 곳이지만, 아직 체계적인 발굴이 이루어지지 않은 채 폐허의 상태로 남아 있다. 혹자는 이런 상황을 비판하며 하루 빨리 발굴이 되어야겠다고 지면을 빌어 사람들을 선동할지도 모른다. 그러나 발굴이란 어쩔 수 없이 파괴를 동반하기 마련이어서, 기왕이면 발굴기술이 더 발달하게 될 미래로 미루면 미룰수록 발굴을 통해 더 많은 것을 건져낼 수 있다. 이곳에서 우리들이 무엇인가를 알아내지 못하는 것이 발굴을 하지 않았기 때문이라고 탓하는 사람도 있겠지만, 발굴하지 않은 현재의 상황에서도 꼼꼼히 따져보면 알아낼 수 있는 것들이 많다. 이런 것들을 충분히 검토하고 나서 발굴은 나중에 해도 늦지 않다.

불탑 장엄의 첫 사례로서 이 사지의 탑을 선택한 것은 이 탑은 아직 장엄이 시작되기 전의 전형적인 신라석탑 양식을 반영하고 있으면서도, 이제 막 작은 부분의 장엄이 그 무대에 등장하고 있기 때문이다. 이 탑은 학자들마다 다양한 해석을 제시하고 있는데, 예를 들어 어떤 학자는 불국사 석가탑보다

〈1-1〉 장항리사지 동오층석탑
1923년경 도굴범의 폭파로 계곡에 굴러떨어져 있던 것을
1960년대에 현재의 터로 옮겨 세운 것이어서 원위치가
아니다.

〈1-2〉 장항리사지 서오층석탑
동오층석탑과 유사하지만 새겨진 부조는 양식상의 차이가
다소간 보인다.

더 먼저 만들어졌다고 보기도 하고, 어떤 학자는 석가탑보다 나중에 만들어졌다
고도 한다. 왜 석가탑을 기준으로 그 이전이냐 이후냐를 묻는가 하면, 석가탑이
신라석탑의 가장 표본이 되기 때문이다. 따라서 석가탑보다 먼저냐 나중이냐를
묻는 것은 곧 장항리사지탑이 석가탑과 같은 완성된 형태로 나아가는 과정이냐,
아니면 완성된 형태를 해체하여 새로운 형태를 찾아가는 과정이냐를 묻는 것이
기 때문에 이 탑의 정체성을 규정하는데 있어 나름 중요한 문제이다.

　　　　우선 장항리사지에는 두 기의 탑〈1-1, 1-2〉이 있다. 하나는 비교
적 완성된 모습을 지니고 있지만, 다른 하나는 사라진 부재가 많다. 그리 넓지
않은 공간에 5층의 높은 탑이 두 기나 자리잡고 있고, 또 지금은 경주박물관으
로 옮겨가고 대좌만 남아있지만, 역시 거대한 크기의 석불입상이 놓여있었다는
것은 여러 가지 궁금증을 자아내게 한다. 한편으로는 두 탑에 조각된 상의 표현

〈1-3〉 풀 베는 사람의 보시
헤라클레스의 모습을 한 금강역사가 붓다의 뒤에서 금강저를 들고 있는데 이 금강저는 말하자면 스타워즈의 광선검처럼 강력한 무기다. | 파키스탄 페샤와르 박물관 소장, 기원후 1세기경 |

기법에 다소 차이가 있어서 이들 두 탑 중 하나는 다른 하나의 모방작으로 보기도 한다. 여하간 정확한 건립시기가 불분명한 가운데, 여기서 비교적 확실하다고 인정할 수 있는 것은 8세기의 통일신라석탑으로서 이러한 조각상이 새겨진 이른 시기의 작품이라는 것이다. 그리고 이렇게 불탑장엄의 무대에 등장한 첫 조각상은 팔부중이나 비천이나, 혹은 사천왕이 아니라 금강역사였다는 점이다. 이것을 통해 탑 장엄이 의미하는 바가 무엇인지 분명히 드러난다. 바로 사리의 수호, 혹은 불법 수호의 의미였던 것이다.

금강역사〈1-3〉는 붓다를 호위하는 존상 중에 가장 역사가 오래된 것이다. 이미 간다라 미술에서 붓다를 바로 옆에서 따라다니며 호위하는 인물로 등장한다. 하지만 간다라 미술에 등장한 금강역사는 우리나라에서 볼 수 있는 금강역사와는 다른 모습이었는데, 한마디로 말하자면, 그것은 헤라클레스의 모습을 차용해온 것이었다. '금강'이라고 하는 것은 이 헤라클레스가 '금강'이라는 몽둥이를 들고 있기 때문인데, 마치 크리스탈의 결정처럼 생긴 이 물체를 당시 사람들은 세상에서 가장 강한 다이아몬드라고 생각했던 것 같다. 이렇게 가장 힘센 그리스 신화 속 인물과 가장 단단한 몽둥이가 만났으니, 그 위력을 가히 짐작할 만하다. 지금으로 말하자면 스타워즈에 나오는 제다이 기사들이 가진 광선검 정도라고 할까. 이런 모습의 금강역사는 항상 석가모니 붓다를 그림자처럼 졸졸 따라다닌다.

불경에서는 아난이 석가모니의 말씀을 가장 많이 들어 '다문제일'이라 했다지만, 신화적으로 말하자면 금강역사야말로 가장 가까이서 한시도 떨어지지 않고 석가모니의 일거수일투족을 함께 한 존재다. 그런데 한 가지 우스운 점은 이렇게 붓다를 지키겠다고 따라다니는 금강역사지만, 실제 미술로 표현된 사례에서나 혹은 경전에서는 금강역사가 붓다를 지켜냈다는 얘기는 눈을 씻고 찾아봐도 찾기 어렵다. 위기의 순간에 이 금강역사는 도대체 뭘 하고 있었는지, 그 위기는 고스란히 석가모니 스스로가 해결했다. 술 취한 코끼리도, 앙굴리마라의 공격도, 모두 석가모니 스스로가 해결했다. 아니, 이건 금강역사가 무능해서라기 보다는, 사실 붓다는 무력을 이용한 공격에 무력으로 대응하기 보다는 그들을 모두 마음으로 감복시켰기 때문에 금강역사가 그토록 자랑했던 괴력을 쓸 일이 없었던 까닭이다. 하지만, 이 금강역사는 그럼에도 불구하고, "부처님은 내가 지킨다"라고 큰소리치듯이 항상 그 옆에 묘사되었다. 어떻게 보면 금강역사가 붓다를 지켜주고 있는 것이 아니라, 오히려 금강역사가 폭력을 휘두르지 않도록 붓다가 더 큰 보호막이 되어주고 있는 듯 하다.

붓다의 등 뒤에 늘 서있기만 하는 금강역사는 마치 마마보이같다. 그래서인지 항상 이렇게 무표정한 감정으로 석가모니를 따라다니며 한시도 금강몽둥이를 내려놓지 않았던 그가 부처의 열반장면에서는 그 애지중지하던 몽둥이도 내던지고 바닥에 주저앉아 마치 놀이공원에서 부모를 잃고 두려워 엉엉 울고 있는 아이마냥 표현되기도 한다. 오히려 석가모니가 그를 지켜주었던 것이다.

사실상 붓다의 생존시에는 별볼일 없는 존재였을지 모르지만, 금강역사는 붓다의 입멸 후 삼보, 즉 붓다의 사리와, 붓다의 말씀과 이를 받드는 승단을 지키기 위해 큰 힘을 보탰다. 붓다는 이미 초월적인 힘을 가지고 있어서 금강역사가 필요없었는지 모르지만, 이들 삼보는 그런 보호자가 필요했다. 그래서 무엇인가 지켜야 할 필요가 있을 때면 어김없이 이 금강역사를 그려 넣었다.

장항리사지 탑은 초층탑신에 마치 탑 안으로 들어갈 수 있을 것만 같은 문을 새겨 넣었다. 그것도 사방으로 문을 내어 마치 더 많은 사람들이 오갈 수 있도록 배려했다. 이 문은 왜 달리기 시작했을까. 아마도 문이 없는 탑은 그저 붓다가 잠들어 있는 것을 상징할 뿐이지만, 이렇게 문을 달아두었다는 것은 다시금 잠들어 있는 분이 문을 열고 나올 수도 있다는 것을 사람들에게 보여주고자 함이 아니었을까. 그만큼 언젠가 다시 우리 곁에 돌아올 분임을 분명하게 알리기 위함이 아니었을까.

　　　　장항리탑의 사리는 실제로 이 문이 조각된 1층 탑신에 봉안되었다. 추정컨대, 사리는 신라시대 초기 석탑의 경우 주로 상층부에 봉안이 되었다가, 점차 연대가 내려오면서 1층 탑신에 모시는 것으로 변화되었다. 그것은 단순한 위치의 문제가 아니라, 탑을 세우는 과정에서 언제 사리 공양의식을 거행하느냐의 문제와 직접적으로 연관되어 있다. 감은사탑과 같은 경우, 사리장치가 3층에 있었다는 것은 사실상 탑이 거의 완성된 단계에서 지체 높은 사람들이 계단을 타고 올라가 사리공에 사리장치를 안치하고 봉헌물을 넣었음을 짐작케 한다. 하지만, 1층에 사리공을 두었다는 것은 탑이 아직 제 모습을 갖추기 전에

〈1-4〉 왼쪽은 마치 더 이상 다가오지 말라는 듯이, 오른쪽은 그래도 다가오면 책임질 수 없다는 듯이 그렇게 침입자를 막아서고 있다.

사리를 집어넣었음을 뜻한다. 더 오래전 목탑이 중심이었던 시절에는 탑이 기초만 만들어졌을 때에 지하에 사리장치를 넣고 그 위에 찰주를 세워 비로소 탑을 세웠다. 그렇다면 왜 석탑도 지하에 매장하면 좋을 것을 3층까지 쌓은 뒤에 그 위에 봉안하려고 했던 것일까.

원칙적으로 사리를 지하에 묻는 것은 장례의식의 연장선상에 생각해볼 수 있다. 따라서 탑을 붓다의 무덤으로 생각할 때에는 지하에 묻는 것이 순리에 맞다. 하지만, 점차 탑은 무덤이 아닌 붓다의 정각을 의미하는 기념비의 의미로 발전해갔다. 따라서 매장이라는 개념 보다는 탑이 거의 완성되었을 즈음, 마치 상량식을 거행하는 것과 같은 개념으로 사리봉안식을 거행하고 탑이 완성되어 가는 것을 축하하는 환희의 퍼포먼스로 변해갔던 것이 아닐까. 마치 지상에서 도리천, 그리고 다시 그 위로 올라갈수록 도솔천과 같이 위계가 높은 우주가 펼쳐지는 것처럼, 탑의 아래층보다는 높은 층이 사리를 봉안하기에 더 적합한 장소라고 생각했던 것이다.

그러나 탑의 규모가 점점 작아지면서, 탑의 상층부는 도굴에 취약하다는 사실이 드러났을 것이다. 상층부의 옥개석이나 탑신석은 아래층의 부재에 비해 크기가 작고 가볍다. 따라서 쉽게 들어내고 사리공에 손을 넣을 수 있다. 때문에 점차 아래층으로 그 사리공을 옮기게 되었던 것으로 보인다. 그리고 더불어 이러한 금강역사를 새겨넣음으로써 도굴꾼들로부터 사리가 안전하기를 바라는 또 하나의 안전장치를 걸어두었던 것이다.

원래 금강역사는 한 사람이었다. 하지만 동아시아로 들어오면서 한쌍으로 표현되기 시작했다. 그리고 여기 장항리탑에서는 다양한 모습으로 두 탑에 무려 8쌍이나 표현되었다. 그야말로 금강역사의 전성시대라고 할 수 있는 탑이다. 원래는 한 사람이었는데, 왜 쌍으로 나타났고, 나아가 이렇게 패거리로 나타나게 되었는지는 정확하게 설명하긴 어렵다. 그러나 금강역사의 역할이 매우 중요하게 부각되었다는 점은 분명히 알 수 있다.

이제 이 두 탑을 왔다갔다 하면서 살펴보니 문고리가 눈에 띈다. 문고리〈1-5〉는 통일신라시대의 문고리로서 그 실체를 알 수 있는 매우 중요한 자료이다. 귀면, 혹은 처용이라고도 하는 얼굴이 입으로 문고리를 물고 있는 모

〈1-5〉 사리가 봉안된 탑신에는 목탑의 전통이 이어진 듯, 이렇게 문이 달려있다. 한번 봉안된 사리가 더 이상 들락날락 할 필요가 없다면, 그것은 단순한 무덤의 개념이다. 그러나 불탑의 사리는 죽은 것이 아니라 살아있는 존재이기 때문에 문이 필요했을 것이다.

습이다. 불국사에 가보면 회랑을 복원하면서 이러한 문고리를 사용한 것을 볼수 있는데, 아마도 여기서 아이디어를 얻어 만든 것이 아닌가 생각된다. 그 표정을 보니 함부로 열지 말라는 주인의 뜻이 확실히 전해온다. 이 문 좌우로 한쌍의 금강역사가 서있는데, 언뜻 비슷비슷하지만, 각각 다양한 모습을 하고 있다. 이들 역사는 금강 몽둥이를 든 역사와 맨손의 역사로 크게 구분해볼 수 있다. 서탑의 경우 화려한 장식이 있는 길다란 금강 몽둥이를 어깨에 걸치면서 왼손으로 받치고 있는 역사를 중심으로, 그 맞은편에는 이보다 짧은 금강 몽둥이를 들고 태권도의 아래막기 같은 자세를 하고 있는 커플이 보인다.〈1-4〉이 아래막기 역사는 마치 정면으로 서서 더 이상 다가오지 말라는 신호를 보내는 듯 하다. 그 옆면에는 거울놀이를 하듯이 두 역사가 거의 대칭적인 아래막기 자세로 서있는데, 한쪽은 짧은 금강저를 들고 있다.〈1-6〉이 두 쌍둥이형제 같은 역사들

사이로 함부로 지나간다면 어떻게 될지는 뻔해 보인다. 다시 그 옆으로는 조금 점잖은 역사 둘이 조용히 경고만 보내고 있는데, 특히 오른쪽의 역사는 금강 몽둥이를 한손으로 튕기고 있어서 마치 싸움을 못해 근질근질해 하는 것처럼 보인다.〈1-7〉 마지막 한쌍은 극과 극이다. 오른쪽 역사는 당장이라도 내리칠 것처럼 주먹을 치켜올렸는데, 맞은편 역사는 금강저를 내려들고, 오른손 주먹의 손가락을 세워 조용히 경고만 하고 있다.〈1-8〉

　　　동탑의 금강역사 그룹에서는 서탑에 보이던 길다란 금강 몽둥이가 보이지 않는다. 대신 길다란 삼지창을 든 역사와 짧은 포크가 양쪽에 달린 것 같은 금강저-이것이 가장 전형적인 금강저이다-를 들고 있다.〈1-9〉 이러한 금강역사의 무기들이 함께 출현한 것인지, 아니면 시간적 차이를 두고 나타난 것인지는 앞으로 연구해볼 필요가 있다. 이들 역사상들도 각 커플마다 한 쪽은 정적이고, 한 쪽은 동적이라거나, 또는 거울놀이처럼 대칭적이라거나, 아니면 다소 점잖게 경고를 보내는 등 대조적인 뉘앙스를 풍기고 있다는 점에서는 서탑의 배치와 유사하다. 아울러 서탑의 경우는 연화대좌 위에 서있지만, 동탑의 경우는 단단한 기암괴석 위에 서있다는 차이점도 있다.

　　　한편 두 탑의 조각 방식을 보면, 서탑은 조각이 더 깊고 세밀한 반면, 동탑은 조각이 얕고 보다 단순하게 세부를 처리했다. 따라서 더 정교하고 조각의 깊이가 풍부한 서탑이 보다 오래된 것이고 다른 하나는 이를 의식하여 나중에 제작된 것으로 볼 수도 있다. 그러나 그 생김새만으로 본다면 가장 먼저 탑을 호위하는 금강역사로서 등장한 선덕여왕 시대의 분황사 모전석탑 금강역사상은〈1-10〉 연화좌가 아닌 기암괴석 위에 서있다는 점이나, 특별히 장신구를 걸치지 않은 비교적 단순한 모습이라는 점에서 동탑과 더 닮아있다. 그렇다고 단정적으로 동탑이 더 오래된 탑이라고 말하는 것도 성급한 결론이다.

　　　이 탑 자체의 편년을 석가탑보다 앞선 시기로 보는가 이후로 보는가 하는 것이 중요한 문제인 것과 마찬가지로, 이 금강역사의 조각양식 역시 석굴암 금강역사보다 앞선 것인지 이후인지는 중요한 고민거리 중 하나이다. 왜냐하면 이 석탑의 편년이 국립경주박물관의 장항리사지 석불의 편년과 밀접한 연관이 있기 때문이고, 따라서 장항리사지 석불이 석굴암과 같은 완성된 불상으로 나아

〈1-6〉 아래막기 커플. 자기들 사이로 들어오면 어떻게 되는지 어디한번 해보라고 하는 듯 보인다.

〈1-7〉 가장 점잖아 보이는 커플이지만, 경고의 메시지는 분명하다. 왼쪽 역사의 아래로 내린 팔은 손바닥으로 정지 신호를 보내고 있고, 오른쪽은 금강저를 야간지 시봉처럼 들고 있어서 마치 경찰이 운전자를 검문하는 것 같다.

〈1-8〉 왼쪽의 금강
역사는 "이미 늦었
어"라고 손가락을 흔
들고, 오른쪽은 금방
이라도 침입자를 내
려칠 것 같다.

〈1-9〉 동탑의 금강
역사들은 서탑 조각상
들과 조각 스타일이
달라서 선각으로 표현
된 부분이 많고, 들고
있는 무기도 다르다.

〈1-10〉 분황사 모전석탑의 금강역사상
우리나라에 처음 등장한 금강역사상이다. 이후 금강역사의 표준모델이 되었는데, 화려한 장신구나 무기 같은 것은 거의 강조되지 않고 오로지 온몸이 무기인 격투기 선수다.

가는 과정에 있는 불상인지, 아니면 석굴암과 같은 완벽한 조형성 이후에 찾아온 해체의 과정인지 연구하는데 있어 중요한 기준이 되기 때문이다. 필자 개인의 생각으로는 이들 석탑과 불상은 불국사나 석굴암이 만들어진 후에 그 완성된 양식을 해체하고 새로운 양식을 모색해가는 과정의 작품이 아닐까 한다. 다시 말해 이 작품은 레오나르도 다빈치나 미켈란젤로가 완성한 르네상스 양식이 해체되면서 새로운 양식을 실험했던 매너리즘 시기의 작품들과 비교된다.

　　　　　우리는 석굴암의 금강역사상을 진실로 사랑한다. 우리나라 최고의 금강역사상임에 틀림없다. 그런데 그 최고의 석굴암 금강역사는 그곳에서만 볼 수 있다. 오히려 많은 조선시대 사찰의 금강문, 혹은 인왕문에서 만날 수 있는 금강역사는 우스꽝스럽게 생기고 한편으로는 무섭다기 보다는 친근감이 드는 모습이다. 그리고 석굴암의 그 근엄하고 범접할 수 없는 역사상과 조선시대 사찰의 친근한 금강역사상 사이에는 바로 이 장항리사지 석탑의 금강역사상이 있다. 완벽한 조형성을 해체하고 다양한 실험을 통해 우리나라에서만 볼 수 있

〈1-11〉 안동 조탑동 오층석탑
장항리 탑의 금강역사에서 더 진화한 금강역사. 거친 바위에서 뭉글뭉글 피어오른 듯한 돌덩이 같은 근육질 몸매와 금방이
라도 튀어나올 것 같은 눈동자는 한층 드라마틱하게 과장된 표현을 보여준다.

는 독특한 금강역사상이 나타나기 위해서는 이 장항리사지의 금강역사와 같은 징검다리가 필요했던 것이다. 이들은 매우 위협적인 모습을 하고 있음에도 왠지 그 위협이 나를 향한 것이라는 느낌이 들지 않게 만들었다. 그 이유는 아마도 무서운 얼굴은 하고 있지만 전체적인 역사의 비례를 보면 머리는 크고 몸은 통통하니 다리가 짧은 것이 마치 어린아이의 신체비례를 닮아있어서, 그저 화가 난 어린아이처럼 보이기 때문이 아닐까. 여하간 이들의 경계 대상에서 관람자는 제외된다. 따라서 이들은 오히려 '나'라는 사람은 결코 이 탑을 도굴할 사람이 아니라는 것을 확인해주는 듯하다.

　　　　붓다의 생전에는 몽둥이 한번 휘둘러보지 못했을 금강역사, 그러나 지금은 누구보다 열심히 이렇게 붓다를 지키고 있다. 그리고 그도 붓다에게 배운 바 있는 듯 하다. 무력으로서가 아니라, 오히려 우리에게 무한의 신뢰를 보냄으로써 우리를 감화시키는 방식으로, 그렇게 침입자의 마음을 되돌리면서 말이다.

시·공간의 지배자
12지와 불탑의 결합

I

경주 원원사지
동·서 삼층석탑

시·공간의 지배자 12지와 불탑의 결합

경주 원원사지 동·서 삼층석탑

동양문화에 있어서 12지는 과거의 패러다임 같지만, 사실은 아직도 출생연도의 띠를 이야기하거나, 혹은 늘상 보는 시계의 12시간 단위 등 12진법은 까마득한 고대로부터 현대에까지 살아있는 아시아의 시공간 인식틀이다. 12지는 실제 방위와 시간을 재는데 있어 기본이 되는 단위였다. 이 십이지가 불탑의 수호에도 등장하게 되었다. 가장 이른 사례는 원원사지 석탑이다.

원원사지는 경주에서 남쪽으로 괘릉을 지나 울산 방향으로 가다 보면 지나게 되는 봉서산 기슭에 위치한 절터다. 『삼국유사』의 명랑신인조에 의하면 이 절은 통일신라 초기에 활약한 명랑법사의 법을 이어받은 안혜·낭융과 이들의 후손인 광학·대연 이렇게 네 대덕이 김유신·김의원·김술종 등과 함께 세운 절이라고 한다는 기록을 전하고 있다. 그러나 일연 자신은 광학과 대연의 활동연대는 다른 인물들보다 훨씬 늦기 때문에 창건과는 관련이 없을 것으로 보고 있다. 또한 『삼국유사』에는 '원원사遠源寺'로 기록되어 있는데, 언제부터인가 지금처럼 '원원사遠願寺'로 불리고 있다.

이 원원사지의 탑에는 십이지신상이 새겨져 있는 것이 가장 큰 특징인데, 이를 이해하기 위해서는 이 절을 세웠다는 네 명의 대덕이 속했던 명랑법사 계통의 불교를 이해해야할 필요가 있다. 명랑법사는 어떤 인물이었는가? 『삼국유사』 문호왕법민에는 다음과 같은 기사가 실려있다. 즉, 신라가 삼국통일을 이룬 후, 당나라가 해군을 이용해 신라를 공격해오자 이를 문무왕이 명랑법사와 의논하니, 명랑법사가 문두루비법을 사용하여 풍랑을 일으켜 당나라의 해군을 바다에서 무찔렀다는 것이다. 여기서 주목해야할 부분은 명랑법사가 어떻게 문두루비법을 사용했는가 하는 점이다. 『삼국유사』에는 다음과 같이 기록되어 있다.

> "낭산 남쪽에 신유림이 있는 바 그곳에 사천왕사를 짓고 도량을 개설하면 될 것입니다"… "채색비단으로써 임시로 집을 만들겠습니다"라고 하여 왕이 채색비단으로써 절집을 만들고 풀로써 오방신상을 꾸려놓고 유가명승 열두 명이 명랑을 우두머리로 삼아 문두루비법을 부렸다… 이때 풍랑이 크게 일어나 당나라 배가 모두 침몰하였다.

이 당시는 당나라 해군이 서해로 막 진입하고 있던 워낙 급박한 상황이었기 때문에 절도, 또 그 안에 모실 상도 모두 비단이나 풀과 같은 임시 재료로 급조하여 사용할 수밖에 없었지만, 주술을 부리는데 있어서 효과는 같은 것이었다. 나라가 위급한 순간에 왠 해리 포터 같은 마법 이야기냐고 할 수도 있겠지만, 삼국지를 읽어봐도 그렇고, 과거 전략전술에 있어서 날씨를 읽어내고

〈2-1〉 경주 사천왕사지의 단석. 밀교주술을 위한 단을 세웠던 자리인데, 이는 통일신라 최대의 비밀병기였다. 요즘으로 말하자면 핵무기 시설이었던 셈이다.

지리를 읽어내는 것은 매우 중요한 일이었으며, 그것은 지금에 있어서도 마찬가지다. 어쩌면 당나라 해군과의 결전의 날에 풍랑이 일어난 것이 아니라, 풍랑이 일어날 날씨와 해류의 흐름을 미리 파악하여 그 날이 결전의 날이 되도록 전쟁을 유도해나간 것 정도로 해석한다면, 이러한 사건은 결코 황당한 사건만은 아닐 것이다. 기상에 관한 일은 지금은 과학이지만, 당시에는 주술로 여겨졌다고 본다면 더 자연스럽게 이 일을 해석할 수 있지 않을까.

물론 비단 절집과 오방신상, 그리고 유가명승 12명이 날씨를 예측하는 것과 무슨 연관이 있었는지는 정확히 알 수 없지만, 여하간, 이 개념이 문두루비법을 사용하는데 필수 조건임에는 틀림없는 것 같다. 이러한 요소들은 역사적으로는 간략하게 남아있을 뿐이지만, 학자들은 이 간략한 기록에서 더 많은 정보를 추출해내기 위해 노력했다. 우선 절의 장소는 낭산이었고, 절의 이름이 사천왕사라는 것, 그리고 오방신상과 12명의 유가승이 동원된 점이 주목된다. 낭산은 선덕여왕 때부터 이미 도리천의 의미로서 신라인들에게 받아들여져 왔다. 그리고 도리천의 지배자가 제석천이기 때문에 제석천의 권속인 사천왕사를 낭산 기슭에 세운 것 또한 상관관계가 있는 것이다. 아마도 오방신은 제석천을 중심에 두고 사방에 사천왕을 모셨음을 의미하는 것으로 해석된다.

그렇다면 12명의 유가승은 무엇을 의미하는 것일까. 『삼국유사』에 등장하는 문두루비법을 상세히 소개한 불교경전은 『불설관정복마봉인대신주경佛說灌頂伏魔封印大神呪經』인데, 이에 의하면 문두루비법을 설할 때는 사천왕의 권속을 모시도록 되어 있다. 사천왕의 권속은 동아시아에 있어서는 12지신으로 간주했기 때문에 아마도 12명의 유가승은 각각의 12지신에 대응하는 승려들이었을 것으로 추정된다. 즉, 문두루비법의 주술적 힘은 이들 12지신으로부터 직접적으로 비롯된 것으로 간주되었음을 짐작할 수 있다. 12지는 방위와 시각, 즉 공간과 시간을 상징하는 존재였고, 이들을 주술적으로 부린다는 것은 시공을 통제하는 것을 의미했다. 나중에 다른 곳에서 일어날 폭풍우를 지금 이 시간에 일으키기 위해서는 시공을 통제할 필요가 있었다. 더불어 이 『불설관정복마봉인대신주경』에서는 권속의 이름을 나무기둥에 새겨둘 것을 지시하고 있는데, 아마도 명랑법사도 그 방법을 따랐을 것이고, 그래서인지 실제 사천왕사지에는 12개의 기둥〈2-1〉이 세워져 있었던 것으로 추정되는 초석들이 금당 좌우로 배치되어 있어 도합 24개의 초석이 전하고 있다. 이러한 시설들은 당나라 해군을 물리칠 때는 임시적인 재료로 만들어진 것이지만, 이후에는 건물과 존상들을 제대로 된 재료로 본격적으로 만들었을 것이다.

한편 당나라는 자신들의 해군을 물리친 풍랑의 원인을 신라의 신무기 때문이라고 생각하고, 마치 핵사찰단과 같은 사찰단을 신라에 파견했다. 신라로서는 이 강력한 신무기를 공개할 수 없었기 때문에 '망덕사'라는 임시 사찰을 급조하여 당나라의 사찰단을 안내하기에 이르렀다. 급조한 망덕사는 아마도 나무냄새와 칠 냄새가 아직 남아있어 당나라 사찰단은 이것이 급조된 것임을 쉽게 알아차렸던 것 같다. 하지만 이 위조 사건은 당나라 사찰단이 뇌물에 넘어감으로써 일단락되었다.

〈2-2〉 기단부의 십이지신들. 왼쪽의 소만 뒤돌아보고 있는 것이 마치 왕실근위대 행열에서 혼자 딴짓하는 근위병의 사진처럼 보인다. 이 작은 변화가 이들을 살아있는 존재로 탈바꿈 시켜준다.

〈2-3〉 1층 탑신에 새겨진 사천왕이 밟고있는 악귀. 여기서는 고통스러운 모습이 아니라서 마치 사천왕을 신나게 태우고 날아다니는 것 같다.

그렇다. 사천왕사는 단순한 사찰이 아니라, 신라의 비밀병기였다. 지금으로 말하면 핵무기나 마찬가지였다. 이렇게 강력한 무기로 인식되었던 문두루비법의 사찰은 명랑의 계승자들에 의해 몇 군데 더 설치되었던 것으로 추정되며, 그것이 원원사인 것이다. 이러한 배경을 알고 나면 왜 원원사탑의 기단부에 십이지신상이 새겨져 있는지 짐작할 수 있다. 사천왕사에서 나무기둥에 십이지의 이름을 새겨 문두루비법을 설했다면, 원원사에서는 탑 기단부에 십이지를 새겨 문두루비법을 설했던 것이다. 한 가지 더 깊이 있게 고찰해본다면, 왜 문두루비법을 설하는 도량을 지금의 원원사지 자리에 세웠던 것일까에 대한 문제도 생각해볼 수 있다. 원원사지가 속한 곳은 경주시 외동읍 모화리인데, 이 모화리는『삼국유사』등 오랜 기록에도 등장하는 지명으로서, 특히 왜구 등 남쪽으로부터 경주 방향으로 공격해 오는 적을 방어하기 위한 방어시설 등이 세워졌던 곳이다. 현재는 이 일대를 방어하기 위해 세워졌던 관문성의 일부가 남아있다. 원원사는 이러한 방어시설을 지원하기 위한 사찰이었던 것이 아니었을까. 그렇다면 사천왕사에서와 마찬가지로 원원사 역시 문두루비법을 통한 호국사찰로서의 성격을 강하게 지니고 있었을 것이다.

현재는 현대에 와서 세워진 사찰을 지나 사지에 오르게 되는데, 새 법당 아래의 기단부는 마치 불국사의 기단부 축소판처럼 만들어 놓았다. 그리고 여기를 지나 원원사지로 오르는 계단도 마치 불국사의 청운교·백운교를 지나 석가탑·다보탑에 이르는 구조를 연상케 되는데, 이는 유가종 계통의 사찰에 있어 어쩌면 공통된 컨셉이었을지도 모르겠다. 원원사지는 조선 후기까지도 명맥을 이어왔던 것으로 생각되는데, 1800년대 초에 사지 아래에 무덤을 쓰면서 석탑 등을 무너뜨린 것으로 보아, 그 시기를 즈음해서는 폐사되었던 것으로 추정된다. 지금처럼 원원사지 석탑이 복원된 것은 1931년경 일본인 건축학자 노세 우시조能勢丑三에 의해서였다. 지금은 금당지에서 나무가 자라고 있을 정도로 한적한 곳이 되긴 했지만, 그 규모는 상당했었음을 짐작할 수 있다.

석탑은 동서로 2기가 나란히 서있고, 1층 탑신에는 악귀를 밟고 있는 사천왕〈2-3, 2-4〉이 새겨져 있으며, 십이지는 기단부 면석에 새겨져 있는데, 탑 1기에 각각 12지를 모시고 있어서, 결국 두 쌍의 십이지가 모셔진 셈이

〈2-4〉서탑의 사천왕 중 북방다문천
십이지의 도상은 동탑과 서탑이 거의 같지만, 사천왕 도상은 조금씩 다르다. 거기다 보주와 탑을 함께 든 이 북방다문천은
특이한 사례로 주목된다.

다. 이는 사천왕사지에서도 십이지를 새긴 나무기둥을 세웠던 초석 12개가 1조
를 이뤄 모두 2조가 동서로 배치된 것과 같은 개념이라 하겠다. 여기의 십이지
들은 나라를 구하는데 힘을 보탠 전사들이어서 마치 우리나라의 영화 〈전우치〉
에 나오는 무섭게 생긴 괴물 같은 십이지를 기대할 수도 있겠지만, 여기에 새겨
진 십이지는 매우 젊잖게 생겼다. 얼굴만 동물의 형상이 아니라면, 앉아있는 모
습도 다소곳하다. 두 탑에 새겨진 사천왕과 십이지는 형식은 대체로 비슷하지
만, 그 조형감각은 다소 차이가 있다. 양쪽 탑의 조각을 몇몇의 장인이 나누어
새겨서 생긴 차이점인지, 아니면 시대적인 차이인지, 혹은 무너진 탑 부재의 보
존상의 차이인지 정확히 알 수는 없으나, 아마도 공동작업을 했던 작가들의 표
현상의 차이가 아닐까 생각된다.

〈2-5〉 마치 공신 초상화를 늘어놓듯이 묘사된 십이지상. 당나라 대군을 물리친 신라의 히어로들이었다.

앞서 『삼국유사』에서는 안혜·낭융·광학·대연 네 분의 대덕이 원원사를 창건했다는 기록과 함께 광학·대연 스님은 연대가 후대로 내려온다고 분석했는데, 이들 탑은 창건기가 아니라, 아마도 광학·대연스님의 시대인 9세기에 들어서 세워진 것으로 추정되고 있다. 여하간 이들 두 스님이 원원사를 창건한 분은 아닐지라도 지금 우리가 보고 있는 원원사의 모습은 이들 두 분과 깊은 연관이 있는 것 같다. 아마도 이 시기의 십이지신은 명랑법사의 시대처럼 문두루비법의 중심에 선 존재는 아니었다고 볼 수 있다. 그렇기 때문에 사천왕사에서처럼 별도의 십이지상을 위한 공간이 마련된 것이 아니라, 탑의 기단부로 흡수되었던 것으로 보인다. 그러나 자세히 이 신상들의 얼굴을 살펴보면 삼국통일기에 신라의 신무기로서 활약하던 그 용맹한 모습을 읽어낼 수 있다.

〈2-6〉 채화칠협
전통적인 충신 · 열녀 · 효자를 교훈적으로 열거하는 방식을 보여준다. | 2세기 후반, 평양 낙랑 채협총 출토, 국립중앙박물관 소장 |

　　　　　12지의 배치순서는 한 면에 3구의 신상을 돌아가며 봉안했는데, 금당을 향한 북쪽면의 가운데에 자子, 즉 쥐신을 두었다. 쥐는 방위상으로는 정북이고, 시간상으로는 자정을 중심으로 한 시간대를 의미한다. 여기서부터 시계방향으로 돌아가며 축丑 · 인寅 · 묘卯 등의 순서로 배열했다. 아쉽게도 십이지의 일부 신상은 사라졌는데, 그나마 동탑에서 사라진 용신은 서탑에서 찾아볼 수 있지만, 뱀신은 동탑이나 서탑 모두에서 찾아볼 수 없어서 복원해볼 방법이 없다. 배치순서와 방향은 동 · 서탑이 모두 같다. 각각의 신상들은 시계방향으로 돌면서 서로가 서로의 뒷모습을 바라보고 있는 모습인데, 북쪽에서 시작하는 면에서만은 쥐 바로 옆의 소가 앞을 보고 있지 않고 뒤를 돌아 쥐를 바라보고 있어서 튀는 모습〈2-2〉이다. 왠지 이런 차별성을 통해 이 면이 정면임을 알리고 싶어하는 것 같다. 이렇게 전반적으로 한 방향으로 앉아있는 십이지들은 단조로움을 느끼게끔 할 것도 같지만, 통일성 가운데 다양한 변화를 주고 있다. 앉아있는 자세도 양쪽 무릎을 꿇거나, 한쪽 무릎만 꿇어 앉은 자세, 혹은 결가부좌한 자세가 보이고, 손의 모습도 가슴 앞에서 모은 형태, 합장을 한 형태, 오른손을 든 형태나 왼손을 든 형태 등 다양한 조합을 보이고 있어서, 통일성 보다는 다양성이 먼저 눈에 들어온다.

이렇게 십이지를 기단부에 돌아가며 새긴 조형미의 의도는 무엇이었을까. 앞서 지적했지만, 이들 십이지의 얼굴이 동물인 것을 제외하고는 동아시아적인 복식을 입은 일반 인물화와 크게 다르지 않다.〈2-5〉 십이지 자체가 인도에는 없는 것이고, 동아시아에 들어와서 불교에 편입된 요소이기 때문에 십이지는 마치 공신들의 초상화를 모아놓은 화첩처럼 보인다. 마치 어떤 기업이나 군부대 기념관에 가면 역대 회장이나 지휘관의 흑백사진을 주욱 걸어놓은 것과 같은 분위기라고나 할까. 이러한 실례는 낙랑고분이 채협총에서 출토된 채화칠협彩畵漆篋〈2-6〉에 그려진 충신·열녀들을 표현하는 방식을 차용한 것으로 보인다.

따라서 스마트폰과 태블릿을 통해 종이 같이 얇은 액정을 통해서도 다양한 동영상을 접하는데 익숙해진 우리 눈에는 흑백 TV 보다도 더 거대한 크기로 이들 석탑 표면에 다닥다닥 붙어있는 십이지가 단지 정지된 모습으로만 보이지만, 채화칠협의 인물들처럼 원원사탑의 신상배치는 당시 사람들에게는 어떤 이야기를 전달하는 수단으로 사용되었음을 잊지 말아야 할 것이다. 원원사탑 앞에서도 열두명의 유가승이 모여 진언을 외우고 의식을 거행했는지는 확실하지 않지만, 사천왕사에서 그렇게 했다면 원원사에서도 최소한 그와 유사한 의식이 거행되었을 것이다.

우리는 이 앞에서 그들의 염원을 담아 자·축·인·묘… 의 순서로 탑돌이를 해보자.〈2-7〉 만약 지금은 잊혀진 특정한 주문을 외우며 걷는다면 이들 십이지가 갑자기 생명을 얻어 이 탑에서 뛰쳐나와 금방이라도 남쪽에서 몰려오는 외적들을 무찌르기 위해 튀어나갈 것이라고 믿을 필요까지는 없다. 하지만 분명 고대인들은 그렇게 믿었었다는 것은 잊지 말도록 하자. 미신이라고 비웃을 수도 있다. 그러나 이것을 미신이라고 비웃는 사람도 지난 날 한번쯤은 간절히 소망하는 일, 예를 들어 취업이나 진학이나 계약의 성사를 앞두고 어떤 징크스를 가지면서 그 일이 이루어지도록 하기 위해 조금이라도 부정탈만한 일은 하지 않으려고 했던 적이 없었는지 돌이켜보자. 그것이 아무리 중요하다 하더라도 자신의 목숨이 달린 일은 아니었을 것이다. 하지만, 이 탑을 조성한 사람들은 상황이 더 급했다. 적들이 몰려오는, 목숨이 걸린 상황에서 미신인가 아닌가가 중요했겠는가. 할 수 있는 것이라면 무엇이든 하겠다는 그 집념이야말로 이들 십이지를 만들어내었던 원동력이 아니었을까?

〈2-7〉 언뜻 승복을 입은 듯이 보이는 원숭이신. 어쩌면 이들 신들은 주문을 외운 밀교승들의 아바타가 아니었을까?

석굴암 팔부중의
비밀을 풀 열쇠

영양 화천동 삼층석탑

석굴암 팔부중의 비밀을 풀 열쇠

영양 화천동 삼층석탑

　　　　　팔부중은 누구인가? 장항리사지 석탑에 새겨진 금강역사와 마찬
가지로 팔부중은 붓다를 호위하는 무장들이라고 흔히 알려져 있다. 팔부중의 명
칭은 불교경전에도 많이 등장하고 있다. 그래서 이들 팔부중이 인도에서 기원
한 것으로 간주되고 있다. 하지만, 팔부중은 인도에서 기원했다고 말하기도 뭐
하고, 안 했다고 하기도 뭐한 그런 존재이다. 예를 들어 팔부중의 하나인 용을
들어보자. 용은 동양에서 잘 알려진 상상의 동물이지만, 불교경전에도 많이 등
장하고 있다. 그렇다면 불교경전의 용과 동양의 용은 같은 용인가? 그렇지는 않
다. 원래 불교경전의 용은 전부 '나가'를 번역한 것인데, 원래는 뱀, 그중에서도
독이 가장 강하다는 킹코브라를 의미하는 것이었다. 동양의 전설 속에서 용이
때로는 인간에게 해를 입히기도 하고, 때로는 이익을 주기도 하는 것처럼, 인도
신화 속에서의 뱀도 해를 입히기도 하고 이익을 주기도 하는 것이 서로 닮아 있
다. 그렇기 때문에 용이라고 번역한 것은 참 적절한 아이디어였다. 그러나 뱀과
용은 길다란 몸을 지니고 있다는 점에서 서로 유사하기는 하지만, 불교미술상에
나타나는 모습은 전혀 다르다.

　　　　　그나마 용이나 뱀은 강력한 힘을 가지고 붓다를 호위하는 존재가
될 수 있다고 하지만, 긴나라와 같은 음악의 신은 왠지 부처의 호위하고는 별로
관계가 없어 보인다. 실제 팔부중이 경전에 등장하는 경우에도 붓다를 호위하는
존재라기보다는, 인간 · 신과 더불어 부처의 설법을 듣는 수많은 생명체들을 상징
하는 의미처럼 다가온다. 그렇다면 언제부터 이러한 다양한 신들이 무장형의 신
장들로 바뀌게 된 것일까. 그것은 아마도 중앙아시아 지역에서 서서히 비롯되어

〈3-1〉 인도의 항마성도 조각
붓다를 중심으로 화면 왼쪽은 공격하는 마귀를, 화면 오른쪽은 붓다를 찬탄하는 마귀를 표현해 극적인 대조를 이룬다. 인도 아잔타 제26굴.

중국에 들어오면서부터 정착된 것으로 생각된다. 동양에서 잘 알려진 전형적인 팔부중의 모습은 인도에서는 오히려 석가모니가 정각을 이루기 직전에 마귀들의 공격을 받는 장면에서 등장하고 있다.〈3-1〉'항마성도', 즉 '마귀를 무찌르고 깨달음을 이루다'라는 장면으로 잘 알려진 일련의 장면 묘사에서 보면 수많은 마귀들이 석가모니를 공격하고 있는 장면을 볼 수 있는 것이다. 실제 '불소행찬'이나 '불본행집경' 등에는 이 장면을 묘사하는데 수많은 페이지를 할애하고 있는데, 읽어보면 석가모니를 공격하기 위해 몰려든 마귀들의 모습을 상세히 설명하고 있는데 불과할 정도로 그 묘사에 집착하고 있다. 이것이 우리에게는 다소 유치한 도깨비 이야기처럼 들릴지 모르지만, 꼼꼼히 읽어보면 여기에 나타난 도깨비들의 묘사가 헐리웃 영화인 '반지의 제왕'이나 '스타워즈' 등에 등장하는 괴물, 혹은 외계생명체들의 모습과 흡사하다는 점을 발견하게되면 놀라움을 금할 수 없다. 우리에게 익숙한 괴물들의 원조가 여기서 보이는 것이다. 불교경전의 찬자들은 새벽에 석가모니를 타도하기 위해 모인 마귀들의 모습을 이렇게 상세하게 묘사하여 공포감을 불러일으킴으로써 석가모니 성도의 순간을 더욱 극적으로 만들려고 했던 것이다.

그런데 인도불교미술에 나타난 이들 마귀들의 모습을 하나하나 살펴보면 그 안에 팔부중의 모습이 포함되어 있음을 알 수 있다. 대표적으로는 팔부중 가운데 아수라의 모습인데, 그는 한손에는 태양, 한손에는 달을 들고 있는 모습으로 등장하는 경우가 많다. 이러한 모습은 석가를 공격하려는 마귀가 양손에 불덩이 같은 것을 들고 던지려고 하는 모티프에서 흔히 찾아볼 수 있으며,

〈3-2〉화천동 3층석탑
기단부에 팔부중이 새겨진 석탑은 많지만, 이 석탑처럼 입상으로 새겨진 경우는 드물다.

〈3-3〉 1층 탑신부의 사천왕

팔부중이 입상인 경우는 대부분 1층 탑신에 사천왕이 새겨져 있고, 좌상인 경우는 불상이 새겨져 있다. 그렇다면 입상의 팔부중은 불타 팔부중이 아니라 사천왕 팔부중을 의미하는 것일까?

〈3-4〉 기단부의 팔부중

석굴암의 팔부중은 석굴암에서 가장 늦게 만들어진 조각인데, 아마 화천동 석탑의 팔부중 도상 유형과 밀접한 영향관계에 있는 듯 하다.

<3-5> 경주 사천왕사지출토 소조신장상의 파편
우리나라 최초의 팔부중상으로 추정되는 경주 사천왕사지
출토 소조신장상의 파편. 그러나 8종류의 모습이 아니라
3종류의 신상이 반복적으로 표현되고 있어 아직 팔부중
도상이 확립되기 전임을 알 수 있다.

그밖에 머리에 동물 가죽을 뒤집어 쓴 모습 등은 모두 팔부중을 표현하는 모티프에 응용된 것들이다. 다시 말해 우리가 석가모니를 호위하고 있다고 믿는 팔부중들의 원래 출신은 석가모니를 공격하는 마귀들이었던 것이다. 그렇다고 이런 나쁜 마귀들이 동아시아에 들어오면서 갑자기 착한 존재로 탈바꿈한 것은 아니다. 그런 개과천선의 싹은 이미 인도미술에서도 일부 보이고 있었다. 예를 들어 아잔타 석굴 벽면에 부조된 항마성도 장면을 보면, 석가모니의 오른쪽에서 다가오는 마귀들은 석가모니를 공격하려고 하고 있지만, 석가모니의 등 뒤로 지나 왼쪽으로 멀어져가는 마귀들은 어느새 석가모니에게 합장을 하고 있는 것이다. 실제 일부 경전에서는 석가를 공격하던 마귀들이 석가에게 감복하여 귀의하는 모습도 볼 수 있다.

그렇다. 가만히 그 제목을 살펴보면 '퇴마성도'가 아니라 '항마성도'이지 않은가. 붓다는 단지 마귀들을 쫓아낸 것이 아니라 항복시켰던 것이다. 항복은 곧 항복시킨 자에 대한 복종을 의미하는 것이 아닐까. 물론 인도에서는 이렇게 항복한 마귀들과 팔부신중이 전혀 별개의 개념이었지만, 동아시아에서는 팔부신중을 석가를 호위하는 신장들로 인식하면서 그 표현의 모티프를 항복한 마귀들에서 차용해 왔던 것이다. 이런 팔부중은 처음에는 석가모니의 설법 장면에서 석가의 뒤편에 선 보디가드로서 등장했지만, 점차 독자적인 의미를 가지고 팔부중만이 강조되어 별도로 표현되기에 이른 것이다. 그 이른 예로는 보통 석굴암의 팔부중상을 들고 있다.

　　　　석굴암은 우리나라 최고의 불교예술품으로 손꼽히고 있는데, 그 조각기법의 정교함이나 표현의 예술성뿐만 아니라, 도상에 있어서도 이전에 볼 수 없었던 새로운 양상을 보이고 있다는 점에서 주목된다. 또한 이 새로운 도상들은 우리나라에서 뿐만 아니라, 중국에서도 찾아보기 어려운 신라 특유의 도상이라는 점에서 그 가치가 새롭게 조명되고 있다. 십대제자, 문수 · 보현이라는 협시보살, 사천왕의 배치, 팔부중, 금강역사 등은 불교 도상배치에 있어서 상식적인 이야기들이지만, 이렇게 정형화된 양상으로 나타나는 예는 우리나라에서 석굴암이 가장 이른 예에 속하며, 어떤 부분에서는 중국보다도 더 구체적으로 도상적 특징을 강하게 드러내고 있어서, 아직 풀어야할 수수께끼가 많이 남아 있다. 그 중 팔부중은 대표적인 미스터리다. 팔부중이 표현된 사례는 앞서 설명한 신라의 통일시기 비밀병기 사천왕사의 탑 아래에 팔부신중이 모셔졌다는 『삼국유사』의 기록이 있기는 하지만, 최근에 이루어진 발굴결과 당시까지는 팔부중이 여덟 개의 서로 다른 도상이 아니라, 단지 세 개의 도상을 번갈아 새긴 것이었음이 확인되었다.〈3-5〉 현재로서는 팔부중 도상을 명확히 확인할 수 있는 예는 석굴암이 가장 이르다. 또한 석가설법도의 상단에 설법을 듣는 무리로서 팔부중의 몇몇 신중상이 포함되어 있는 사례는 당나라 시대의 작품들에서 찾아볼 수 있기는 하지만, 이렇게 분명하게 여덟 구의 존상을 하나의 세트로 모신 사례만 살펴본다면 석굴암의 예가 중국의 것을 배워온 것이라고만 보기에는 결코 시기적으로 늦지 않다.

　　　　이러한 석굴암 팔부중의 계보를 잇고 있는 것이 바로 이 화천동 삼층석탑이다.〈3-2〉 보통 다른 석탑에서는 팔부중이 기단부에 새겨지더라도 좌상으로 새겨지는 것이 일반적인데, 화천동 석탑에서는 입상으로 새겨져 있어서 석굴암 팔부중과 궤를 같이하고 있다. 1층 탑신에는 사천왕〈3-3〉, 기단부는 2층으로 나누어 위에 팔부중〈3-4〉, 그리고 맨 아래에는 12지신〈3-6〉을 새겼다. 여기서보면 12지의 역할은 아마도 원원사지에 비해 축소된 느낌이 든다. 어떤 이유인지 모르지만, 12지를 중심으로 하는 문두루비법 대신에 새로운 불교의식이 등장하면서 팔부중의 위상이 그것을 대체하게 된 것이 아닌가 생각된다.

〈3-6〉 원원사지 탑의 12지신과 다르게 여기서는 서있는 모습으로 등장하고 있다.

　　　이들 팔부중을 보면 요즘 말하는 소위 '캐릭터'라는 말이 떠오른
다. 앞서 잠시 '도상'이라는 말을 했는데, 이 말이 다소 어렵다고 느껴진다면 '캐
릭터'라고 생각하자. '캐릭터'라고 하는 것은 어떻게 보면 소통의 과정이다. 누가
보면 단순한 '개'에 불과할지 모르지만, 내용을 아는 사람들에게는 쉽게 '스누피'
로 통할 수 있는 것. 만약 만화를 그리는 사람이 스누피를 털 한올한올까지 사
실적으로 그려서 그 모델이었던 진짜 비글종처럼 보이게 했다고 가정해보자. 사
람들은 그런 사실적인 비글을 봤을 때 그것이 스누피인지 아니면 그냥 비글인
지 구별하기 어려웠을 것이다. 하지만, 사실성을 포기하고 독특한 특징과 변형
을 줌으로써 누구나 단순한 개가 아니라 '스누피'라는 것을 알게 하는 것, 이것
이 캐릭터의 힘이다. 사실 종교미술도 알고 보면 거대한 캐릭터 산업이다. 조금
이라도 내용을 알고 있으면 누구나 쉽게 그것을 표현한 것임을 인식할 수 있게
해주는 것이 종교미술이어야 하기 때문이다. 어쩌면 도상을 연구한다는 것은 인
위적인 의사소통이 만들어지는 과정을 연구하는 것과도 같다.

　　　십이지 캐릭터는 몸은 같고, 단지 동물얼굴들만 실제 동물의 얼굴
형상을 함으로써 구분할 수 있는 비교적 단순한 캐릭터다. 하지만 팔부중 캐릭
터는 이보다 더 복잡하다. 팔부중 가운데 가장 강력한 캐릭터는 아수라〈3-7〉이

다. 오래전 일본 애니메이션의 고전인 '마징가Z'의 불멸의 악당 캐릭터 '아수라 백작'의 그 '아수라'다. 원래 '아수라'는 인도신화에서 인드라와 상대해 싸우는 악역 캐릭터였다. 인드라가 코스모스, 즉 질서라면 아수라는 카오스, 즉 혼돈을 상징한다. 그래서인지 '마징가Z'의 아수라는 한쪽은 남성, 한쪽은 여성의 얼굴을 가지고 있었는데, 남성이 양, 여성이 음이라면, 팔부중의 아수라도 양과 음을 동시에 지니고 있다. 바로 태양과 달이다. 낮에는 태양, 밤에는 달, 이것은 매우 질서정연한 코스모스의 세계다. 하지만, 아수라는 이것을 양손에 들고 마치 여차하면 제멋대로 굴려버릴 것처럼 서있다. 이 질서가 깨어진다면 그야말로 카오스의 세계다. 하지만, 팔부중에 속한 아수라는 벌이라도 받는 것마냥 얌전히 해와 달을 들고 있으니 다행스럽다. 바로 불법에 귀의하여 얌전해진 덕분이다.

야차〈3-8〉 캐릭터는 주로 입에 염주를 물고 있어 쉽게 구별된다. 야차는 불경에서 나쁜 캐릭터로 종종 등장하지만 원래는 이런 나쁜 캐릭터는 나찰(야크샤)이 맡고 있으며, 인도 전통신화에서의 야크샤(야차)는 재물의 신 쿠베라를 도와 사람들의 재물을 지켜주는 선한 요정들이다. 한번 입에 문 재물은 절대 놓아줄 수 없다는 표현인 것일까. 그렇다면 여기서는 한번 깨달은 보배로운 진리는 절대 잊지 않겠다는 불퇴전의 정신을 상징하고 있는 것 같다. 그 헤어스타일도 독특한데 종종 애니메이션에 등장하는 머리칼을 위로 쓸어올린 악동캐릭터에서 볼 수 있는 그런 머리모양이다.

팔부중은 때로는 무협지 『영웅문』으로 유명한 김용의 또다른 소설 제목이기도 한 '천룡팔부'라는 명칭으로 불리기도 했는데, 이는 천과 룡으로 대표되는 팔부중을 의미하는 것이다. 이들은 인간과 부처님의 세계 중간에 사는 존재들이다. 기독교적인 표현이라면 인간과 신 사이에 사는 존재라고 하겠지만, 불교에서는 이러한 중간자적 존재 자체를 신이라고 부르기 때문에 혼동을 피하기 위해 부처님의 세계라고 한 것이다. 군이 대응하자면 기독교의 천사와 악마와 같은 존재들이라고나 할까. 천룡의 용〈3-9〉은 머리에 용이 올라가 있어 쉽게 구별된다. 원래는 뱀을 상징하는 존재였고, 부처님의 일대기에서는 주로 사람들에게 해를 입히는 독룡으로 등장했다가 모두 부처님께 항복하는 캐릭터들이다. 따라서 대부분 처음에는 부처님께 저항하는 존재로 등장하고 있다.

〈3-7〉 아수라 한손에는 태양, 한손에는 달을 들고 있다. 원래 악한 천신이었던 아수라는 혼돈의 신이었기 때문에 이렇게 낮과 밤을 뒤흔드는 존재로 상징되었다.

〈3-8〉 야차 애니메이션에 나오는 악동 캐릭터들이 하고 있는 헤어스타일의 원조다. 입에는 염주를 물고 있다.

　　　　이 석탑에서는 다소 마모가 심해 잘 알 수 없지만 목 부분에 두꺼운 머플러를 한 것 같은 상은 마후라가〈3-10〉로 보인다. 이는 사자 가죽을 뒤집어 쓴 존재인데, 머플러처럼 보이는 부분은 원래 사자의 앞발이다. 사자머리를 마후라가의 머리 위에 모자처럼 쓰고 있다. 이렇게 사자가죽을 쓴 모습은 그리스 신화의 헤라클레스로부터 비롯된 것이고, 또 헤라클레스의 이미지를 차용했던 알렉산더 대왕을 상징하는 캐릭터였으며, 그것이 그의 동방원정을 통해 인도로 전해진 것이 아닌가 추정된다. 이 도상도 항마성도 장면에서 부처님을 공격하는 악귀에 자주 사용된 캐릭터였다. 재미나게도 요즘 어린 아이들이 쓰는 모자 중에 이와 똑같은 털모자가 있다. 사자의 앞발을 끈처럼 턱에서 묶고 다니는 것이 영락없이 이 모습이다.

　　　　천 중의 천은 제석천, 곧 인드라다. 이런 천 중의 남자를 '데바', 여자는 '데비'라고 하는데, 이런 용어는 우리가 쓰는 말과는 먼 이야기인 것 같지만 흔히 '여신'이라고 하는 '디바'와 어원이 같은 것이다. 그러면 '천'이 곧 '신'이라는 것을 쉽게 이해할

〈3-9〉용 불교경전에서는 악역이었다가 붓다를 만나 착한 존재로 바뀌는 대표적인 존재로 자주 등장한다.

〈3-10〉마후라가로 보이는 신장상은 마후라(머플러)를 두른 것 같지만, 그것은 사자 가죽의 앞발이다. 이것은 원래 헤라클레스의 상징이었다.

수 있을 것이다. 화천동 석탑에서 '데바'는 도상이 정확하지 않다. 앞서 아수라·야차·용·마후라가의 캐릭터가 비교적 분명한 것에 비해 나머지는 도상이 유사하다. 대부분 손을 배 앞에서 모아 칼을 잡고 있는 모습이거나 혹은 맨손으로 합장하거나, 아니면 칼을 어깨 쪽으로 둘러매고 있는 모습인데, 어떤 캐릭터를 뜻하는지 정확하지는 않다. 아마 맨손으로 합장한 것은 음악의 신인 긴나라〈3-11〉일 수 있고, 어깨에 칼을 둘러멘 도상은 석굴암 팔부중의 가루라〈3-12〉와 유사하여 그렇게 추정할 수도 있을 것이다. 그렇다면 칼을 든 나머지 두 신상 중 하나가 천이고, 다른 하나가 건달바일 것이다.

　　　　이들 신상들은 석굴암만큼 하나하나의 캐릭터가 분명하게 드러나지 않지만, 석굴암 같은 팔부중 캐릭터는 중국에서도 찾아보기 어렵기 때문에, 오히려 화천동 석탑의 팔부중 캐릭터가 동아시아에서 더 보편적이었던 것으로 생각된다. 아마도 여기에 기반하여 석굴암 팔부중 캐릭터가 재창조된 것으로 보이기 때문에, 화천동 석탑의 캐릭터는 석굴암 캐릭터를 이해하는데 열쇠가 된다는 점에서 중요한 의미를 두고 살펴보아야 할 것이다.

〈3-11〉 무기를 들고 있지 않은 이 신장상은 혹시 음악의 신 긴나라를 표현한 것은 아니었을까?

〈3-12〉 석굴암의 가루라와 비슷하여 여기서도 가루라를 나타낸 것일지도 모른다. 석굴암 팔부중과의 공통점과 차이점 그 사이에 석굴암의 비밀이 숨어있다.

새로운 팔부중
캐릭터의 등장

ㅣ

청도 운문사 동 · 서 삼층석탑

새로운 팔부중 캐릭터의 등장

청도 운문사 동 · 서 삼층석탑

앞서 서있는 팔부중이 석탑을 호위하고 있는 경우를 살펴보았지만, 답사를 다니다보면 앉아있는 팔부중이 새겨진 경우를 더 많이 만날 수 있다. 그리고 대부분 쌍탑이다. 입상으로 할 것인가 좌상으로 할 것인가의 문제는 우선 팔부중이 새겨질 기단부 면석의 형태가 위아래로 길죽한 사각형인지, 아니면 그보다 납작한 형태인지 하는 문제와 무관하지 않을 것 같다. 다시 말해 입상이 새겨진 석탑은 기단부의 면석이 그만큼 위아래로 긴 비례이기 때문에 입상이 가능하고, 좌상이 새겨진 경우는 면석이 정사각형에 가까운 비례를 가지고 있다는 것이다.〈4-2〉그것은 탑 기단부의 높이와 규모의 문제보다는 비례의 문제에서 접근해야할 듯하다. 아직까지 그러한 비례가 시대에 따라 변화하는지에 관해서는 분명히 밝혀진 바 없다. 그러나 대체로 기단부가 탑신에 비해 낮았다가 높아지는 방향으로 변화해가는 것으로 보이기 때문에 좌상이 먼저 등장한 것이 아닐까 추정된다.

그 외에 다른 이유를 찾는다면, 원래 팔부중은 석가모니를 수행하는 팔부중과 사천왕을 수행하는 팔부중의 두 부류가 있는데, 입상과 좌상의 차이는 이러한 불타 팔부중인가 사천왕 팔부중인가의 차이에서 기인한 것일지도 모른다. 보통 석탑에 새겨진 팔부중은 불타 팔부중으로 해석된다. 하지만 팔부중이 입상으로 새겨진 화천동 석탑이나 현일동 석탑, 또는 화엄사 5층석탑의 경우는 1층 탑신에 사천왕이 새겨져 있는 것을 감안한다면 사천왕에 소속된 팔부중일 가능성도 열어두어야 할 것이다. 반면에 좌상으로 새겨진 석탑들은 사천왕이 새겨지지 않은 예가 많아서 이들은 불타 팔부중으로 볼 수도 있다. 어쩌면

〈4-1〉 운문사 동·서 삼층석탑
원래부터 한쌍으로 만들어진 것인지, 아니면 다른 곳에 각각 있던 것을 이렇게 나란히 세워둔 것인지 논란이 많다.

입상과 좌상의 차이는 이러한 두 부류의 팔부중의 성격을 반영하고 있다고 하겠다. 즉, 사천왕 팔부중은 붓다를 호위하는 성격을 지니고 있기 때문에 서있는 자세로 표현했고, 불타 팔부중은 호위 보다는 설법을 듣는 청문중으로서의 성격이 강하기 때문에 좌상이 더 적합한 표현이었을 것이다.

물론 앞서 금강역사를 설명할 때 언급한 바와 같이 불교 경전 속의 석가모니는 금강역사든 사천왕이든, 혹은 팔부중이든 간에 외부로부터의 위협을 이런 존재들의 도움을 받아 보호되었던 적이 없다. 그러나 사천왕과 팔부중이 석가모니의 입멸 후에 불법을 보호하겠다고 다짐한 부분은 어렵지 않게 찾아볼 수 있다. 결국 붓다의 육신을 호위하는 존재가 아니라 세상에 남겨진 그분의 말씀을 호위하는 존재로서 그 소임을 부여받게 된 것이다. 따라서 불타 팔부중이든 혹은 사천왕 팔부중이든 그 기원은 항마성도 장면의 마귀들에게 있는 만

〈4-2〉 화천동탑과는 달리 앉아있는 팔부중. 서있는 팔부중과 앉아있는 팔부중은 어떤 차이를 지니고 있었던 것일까?
그리고 왜 앉아있는 팔부중이 더 유행했을까?

큰 모두 어느 정도 무장으로서의 성격은 내재되어 있다. 다만, 사천왕에 직접적으로 속한 팔부중이 보다 더 강하게 호위신장으로서의 성격을 많이 가지고 있다고 해석된다.

　　여기서 살펴볼 운문사의 석탑도 쌍탑이면서 1층 탑신에는 사천왕이 새겨지지 않았고, 팔부중은 좌상으로 이루어진 구성〈4-1〉이다. 그런데 2006년에 이루어진 운문사 대웅보전 해체수리 과정에서 발견된 1653년경의 운문사 가람배치도에서는 이들 탑이 지금처럼 나란히 세워져 있었던 것이 아니라, 각각 다른 건물 앞에 세워져 있었던 것으로 기록되어 있어서 이들 두 탑은 쌍탑의 개념으로 만들어진 것이 아니라는 견해가 새롭게 제기된 바 있다. 이는 매우 중요한 지적이지만, 한편으로는 나란히 놓였는가 아니면 각각의 법당 앞에 놓였는가의 문제는 아주 다른 문제는 아니라고 볼 수 있다.

〈4-3〉 감은사지 삼층석탑
최초의 쌍탑. 마치 성화가 봉송되듯이 신라에서 통일신라로 세상이 바뀌는 것을 상징하는 것처럼 보인다.

먼저, 왜 쌍탑이 출현하게 되었는지 잠시 생각해볼 필요가 있다. 쌍탑이 가장 먼저 등장한 사례는 신라 통일을 달성한 문무왕을 위해 지어진 감포의 감은사〈4-3〉였다. 그 이전의 탑들, 예를 들어 황룡사 9층목탑이나 분황사 모전석탑, 그리고 고선사탑 등은 모두 단독의 탑들이었다. 비록 미륵사지에서 세 개의 탑이 나란히 세워진 예를 찾아볼 수 있지만, 이것은 다탑의 개념이 아니라, 하나의 탑을 지닌 사원 세 개가 나란히 배치된 것으로 해석된다. 아마도 이렇게 통일기를 즈음하여 나타난 쌍탑의 등장은 새로운 개념을 반영한다고 하겠다. 일반적으로 이러한 경향은 탑이 사찰의 중심 개념이었던 것에서 점차 불상을 모신 금당의 부속적 존재로 변화하면서 발생한 현상으로 풀이되고 있다. 이것을 때로는 탑의 위상이 격하되었거나 혹은 탑을 대신한 불상의 위상이 격상된 것으로 보기도 한다. 그러나 비록 불상의 위상이 불탑에 비해 비약적으로 증대한 것은 맞지만,

〈4-4〉 서있는 팔부중이 전투적이고 위협적인 분위기라면 앉아있는 팔부중은 평화롭고 차분하다.

〈4-5〉 앉아있는 팔부중의 도상은 대부분의 석탑이 유사해서 아마도 장인들이 참고했던 공통의 어떤 모델이 있었음을 짐작할 수 있다.

그렇다고 일방적으로 탑의 위상이 격하되었다고만 볼 수는 없다.

우선 쌍탑의 발생 과정을 살펴보면 쌍탑 개념은 중국에서 보이지 않지만, 문헌에 보면 쌍탑과 유사한 개념은 찾아볼 수 있다. 『집신주삼보감통록』과 같은 당나라 때의 저술에 의하면 아득한 오래전에 부처의 진신사리를 모셨던 탑이 있던 곳이라 하여 탑을 세웠는데, 나중에 보니 그 자리는 진짜가 아니었고, 진짜가 따로 발견되어 그곳에도 탑을 세웠다는 것이다. 그래서 한 사찰에 탑이 두 개 서있는 경우가 실제 중국에서도 있었던 것이다. 하지만 이런 경우, 잘 못 알고 있던 자리에 세웠던 탑이라고 해서 그 의미가 줄어들거나 격하된 것은 아니었다. 오히려 사람들에게 그것은 신 · 구의 묘한 대비를 불러일으키며 나름대로 존숭을 받았다. 자세한 이야기는 나오지 않았지만, 이 시기의 탑들에는 사리를 넣고 꺼내는 작업이 그다지 어려운 일이 아니었기 때문에 진짜 사리가 발견된 다음에는 그 사리를 나누어 비어있는 탑에 넣어둘 수도 있었다. 그렇게 탑의 수가 많아지면 그다지 나쁠 것도 없는 일이었다. 아쇼카왕은 8만4천기나 되는 탑을 세웠다고 칭송받지 않았던가.

우리나라의 대표적인 쌍탑인 불국사의 석가 · 다보탑은 지금까지 『법화경』의 '견보탑품'에 등장하는 다보여래의 출현을 형상화한 것이라고 풀이되어 왔지만, 근래 석가탑에서 출토된 중수기가 해독되면서 이들 석탑이 석가 · 다보탑으로 불리던 것은 후대에 와서 만들어진 이름이라는 해석이 대두되었다. 그러나 비록 석가 · 다보의 이름으로 불리지는 않았더라도 이렇게 한 사찰에 두 개의 탑을 두는 것은 신 · 구의 조화요, 과거로부터 현재로의 계승이요, 끊이지 않고 이어지는 법맥을 상징하는 표현일 것이라는 해석 자체가 무효한 것은 아니다. 어쩌면 이러한 쌍탑이 감은사에 처음 등장한 것도 그들 스스로가 통일 전의 구시대로부터 통일 후의 신세계로 나아가고 있음을 감지하고 있었기 때문이 아니었을까. 마치 성화봉송에서 이 불꽃이 저 불꽃으로 옮겨가는 것처럼, 두 개의 웅장한 탑을 통해 문무왕이 그 전환기의 중심에 서있던 왕이었다는 것을 상징하려고 했던 것은 아니었을까.

이렇게 탑이 여러 개가 건립되자 팔부중은 경전에서 한 약속을 지키고자 점차 이들 탑의 기단부에 자리잡게 된 것이다. "누구든 부처님 말씀을

의 팔부중상은 조각기법이 뛰어나고 보존 상태도 좋아서 팔부중상의 표준적 모델이라 할만하다.

〈4-7〉 같은 아수라 도상이지만 동탑과 서탑은 양식이 다르다. 이것은 시대적 차이일까, 아니면 서로 다른 조각가의 스타일의 차이일까?

지키고 암송하는 자가 있다면, 때와 장소를 가리지 않고 보호할 것입니다"라는 그들의 다짐은 매우 정형화된 팔부중과 석가모니와의 약속이었다. 그래서 탑이 두 개로 나뉘어졌음에도 불구하고 팔부중은 양쪽 탑에 모두 둘러앉아 그 탑으로부터 흘러나오는 부처의 말씀을 듣고 호위하며 앉아있는 것이다. 탑이 세 개로 늘어나도, 열 개로 늘어나도, 혹은 8만4천개로 늘어난다 해도 팔부중은 약속을 지킬 것이다.

좌상의 팔부중은 그 자세 뿐만 아니라 들고 있는 물건이나 전체적인 분위기에서도 차이가 난다.〈4-4, 4-5, 4-6〉 입상의 팔부중은 대부분 무기를 들고 금방이라도 싸울 자세였지만, 좌상의 팔부중에서는 무기의 표현이 더 절제된 느낌이다. 팔부중 각각의 캐릭터는 입상으로 새겨졌을 때의 캐릭터와 유사한 면도 있지만, 차이를 보이는 부분도 많다. 또한 동과 서 양탑의 팔부중 각각도 조금씩 차이를 보이고 있어서 도상의 전개는 다소 복잡한 양상을 띠고 있다. 이러한 동·서탑의 양식적 차이도 두 탑이 위치만 달랐던 것이 아니라, 그 제작시기도 달랐던 것으로 해석되기도 한다. 이 두 탑을 왔다 갔다 하면서 어느 것과 어느 것이 같고, 어디가 어떻게 다른가 찾아보면 미술사 공부는 저절로 될 것이므로, 여기서 굳이 상세한 설명은 하지 않기로 한다. 나름대로의 비교를 통해 그것이 시기적 차이인지, 아니면 다른 조각가가 각각 조각했기 때문인지를 밝히는 단서를 찾아보면 좋겠다. 어느 하나가 다른 하나를 모방하려고 했지만 그 과정에서 예상치 못하게 일어난 실수를 찾아낸다면 그것은 시대적 차이로 볼 수 있을 것이다. 하지만 그렇지 않다면 같은 시대의 다른 표현으로 보아도 될 것이다. 팔부중이 각각 기단의 어느 면에 짝을 지어 배열되는가 하는 것은 경주지역과 경주 외 지역에 따라 차이가 있다. 그러나 아직까지 그러한 배열상의 차이가 어떤 배경을 지니고 일어난 현상인지는 밝혀지지 않았다.

우선 가장 눈에 띄는 아수라의 도상은 여섯 개의 팔을 가지고 있으며, 그중에 한 쌍은 합장을, 다른 두 쌍은 지물을 들고 있는데, 가장 위로 치켜든 팔에는 해와 달을 들고 있어서 대체적으로 화천리 석탑의 아수라와 유사하다. 또한 얼굴이 삼면인 것도 같은 모습인데, 그보다는 정돈되고 차분한 느낌이 든다. 해와 달은 아무래도 시간을 상징하는 것으로 보인다. 마치 아수라는 석가모니의 설법을 더 듣고 싶은 나머지 해와 달을 공중에 정지시켜 시간의 흐름을 막아선 것 같다.〈4-7〉

화천동 석탑의 경우 그 옆에는 동물 머리 가죽을 뒤집어쓰고 칼을 짚은 팔부중이 배치되었는데, 여기서는 동물가죽을 뒤집어쓴 것은 같지만, 칼 대신 '공후'라는 하프 종류의 악기를 들고 있다. 아마도 건달바로 추정〈4-8〉된다. 그만큼 무장으로서의 성격보다는 청중으로서의 성격이 더 강하게 반영된 것으로 볼 수 있을 것이다. 이 공후는 석가모니 부처께서 무척 좋아하셨던 악기였던가 보다. 불교설화에 의하면 인드라가 석굴에서 명상에 잠겨 있던 붓다를 발견하고는 자신의 뛰어난 공후 연주자인 판치카를 불러 은은한 음악을 연주하도록 했었다. 부처는 이 음악소리를 기꺼이 즐기면서 명상에서 깨어나 그 보답으로 인드라에게 가르침을 설한 바 있다. 마치 성당에서 명상을 돕기 위해 오르간을 연주하는 것과 같다고 할까.

그 외에는 바즈라〈4-9〉, 즉 금강저라는 지물을 들고 있는 천의 도상이 주목되는데, '금강'이라는 말이 의미하는 것처럼 세상에서 가장 단단한 물

〈4-8〉 공후를 연주하는 건달바. 팔부중의 역할이 호위에서 찬탄으로 바뀐 듯 하다.

〈4-9〉 들고있는 금강저는 사람의 무지를 깨뜨린다는 것을 상징한다. 분노의 모습은 그만큼 강력하다는 것을 보여주는 것이다.

〈4-10〉 붓다 앞에서는 칼도 지팡이에 불과한 것일까? 이들은 더 이상 위협적이지 않다. 무방비 상태로 붓다의 설법에 심취한 모습이다.

질인 다이아몬드로 만들어진 몽둥이라는 뜻이다. 때문에 세상에서 부수지 못할 것이 없다. 그러나 이것은 단순한 파괴를 의미하는 것이 아니라, 인간의 무지와 편견을 부수는 역할을 한다. 옛 사람들도 그러한 무지와 편견을 부순다는 것이 얼마나 어려운 일인지 아주 잘 알고 있었던 것 같다. 또한 결국은 이러한 무지를 부수는 것은 석가모니의 설법이므로, 그만큼 석가모니의 설법이 지닌 강력한 힘을 상징하는 것이라 하겠다.

　　　　화천동 석탑에서처럼 칼을 들고 있는 팔부중〈4-10〉도 여전히 남아 있지만, 그들은 칼을 지팡이나 팔걸이처럼 쓰고 있을 뿐 위협적인 모습은 보이지 않는다. 이들은 자신들의 임무를 소홀히 하고 있는 것이 아니다. 단지 너무나도 강력한 붓다라는 존재 앞에서 어차피 자신들의 힘이라는 것은 무의미해지기 때문에 그저 둘러앉아 말씀을 듣고 그들 스스로도 마음의 평안을 찾고 있을 뿐이다.

　　　　운문사가 위치한 청도는 경주를 중심으로 보자면 외곽이었지만 또 한편으로는 경주의 문화가 통일기에 전국으로 퍼져나가는데 있어서 한 축을 담당한 곳이었다. 석탑 기단부에 팔부중을 새겨넣기 시작한 전통은 경주에서 확립되었고, 이후 이 운문사 석탑 등에 영향을 미치며 본격적으로 전국으로 퍼져 나갔다. 경주를 중심으로 성립된 앉은 형태의 팔부중은 숭복사지 석탑에서처럼 무기를 들고 있지 않는 경우가 많아서 어쩌면 운문사 팔부중은 화천동 석탑의 호위무장형의 입상 팔부중과 경주를 중심으로 한 청문중 형식의 좌상 팔부중의 중간 즈음에 위치한다고도 하겠다. 이러한 현상은 경주의 캐릭터가 지방으로 확산되어 나아가는 과정을 보여준다는 점에서 많은 학자들의 관심의 대상이 되고 있다.

밀교의 등장과
사방불 신앙의 탄생

양양 진전사지 삼층석탑

밀교의 등장과 사방불 신앙의 탄생

양양 진전사지 삼층석탑

　　　자, 이제는 금강역사, 십이지, 그리고 팔부중에 이어 불탑에 붓다가 새겨진 경우를 살펴보자. 불탑, 즉 붓다의 탑에 붓다가 새겨지는 것은 당연한 일인 것 같지만, 사실 탑 자체가 붓다이기 때문에 굳이 붓다를 새길 필요가 없었다. 탑에 붓다가 새겨진다는 것은 그만큼 탑이 시각적이고 감각적으로 변화했다는 것이다. 그러한 가장 이른 사례는 진전사지에서 만날 수 있다.

　　　강원도 양양의 한적한 골짜기에 자리잡은 이 절터는 원래 통일신라 후기 선종의 일파인 가지산파의 개조 도의선사가 821년에 당나라로부터 돌아와 머물렀던 사찰이다. 현재 이 자리에 남아있는 석탑도 이 시기 즈음 세워진 것으로 생각되며, 아마도 세워진 뒤 큰 변화없이 원래의 모습을 유지하고 있는 것으로 생각된다.〈5-1〉

　　　이 탑의 가장 큰 특징은 1층 탑신의 네 면에 돌아가며 붓다를 새겼다는 것이다. 탑의 표면에 붓다를 새기는 전통은 간다라 지역의 불탑에서도 흔히 볼 수 있는 현상이었지만, 간다라 불탑의 붓다는 대체로 석가모니 붓다를 반복적으로 표현한 반면 진전사지 석탑의 경우는 각각의 면에 특정한 의미를 지닌 여러 붓다를 돌아가며 표현했다는 점이 다르다.

　　　네 면에 돌아가며 불상을 새기는 예는 삼국시대 백제의 작품인 예산 화전리의 돌기둥〈5-2〉에서도 찾아볼 수 있다. 이를 보통 예산 화전리 사방불이라고 불렀지만, 학자들은 이것을 '사면불'로 불러야 한다고 주장하고 있다. '사방불'과 '사면불'의 차이는 방위개념이 있는가 없는가의 차이이다. 다시 말해 '사방불'은 각각의 불상이 동서남북을 의미하고 조성된 것인 반면, 사면불은 단지

〈5-1〉 진전사는 우리나라에 선종이 뿌리를 내린 곳이다. 선종은 대승불교의 극단적 형태 중 하나이다. 그래서 이 탑도 대승사상을 나타내고 있다.

〈5-2〉예산 사면 석불
진전사탑과 같은 사방불인 것 같지만, 여기에는 방위개념이 없다.
현존하는 가장 오래된 화강암 불상인 예산 화전리 사면석불상.

조각할 면이 있어 불상을 새겼을 뿐 방
위의 개념은 지니지 않은 경우이다. 화
전리의 돌기둥 네 면에 새겨진 불상들은
크기도 다르고, 정확히 동서남북의 방위
를 가리키는 것도 아니며, 특히 결정적
으로는 아직 삼국시대에는 사방불의 개
념이 조형물로 등장하기에는 이르다는
것이다. 그렇다면 '사방불'은 언제부터
왜 만들어지기 시작했던 것일까.

우리나라의 불교는 대승불
교의 범주에서 다루어지고 있다. 흔히 소
승불교에서는 수행자 자신만 해탈하려고
하는 다소 이기적인 개념을 가진 반면에 대승불교는 다른 사람과 함께 해탈하겠
다는 염원을 세운다는 점에서 보다 더 나은 불교라는 자부심을 가지고 있다. 물
론 이것은 매우 단순화된 논리여서 그대로 받아들여서는 소승불교에 대해 편협
한 생각을 가질 수 있다. 부처님은 깨달음이란 누가 가르쳐줌으로써 되는 것이
아니라 철저히 혼자서 자기 자신과의 대화를 통해 이루어내는 것이라고 하셨다.
그렇다고 해서 부처님이 그 깨달은 내용을 혼자만 알고 소위 요즘 유행하는 말
로 '공유'하지 않으셨는가 하면 결코 그렇지 않았다. 지식과 정보의 공유라고 한
다면 4대성인을 능가할 사람은 없을 것이다. 그분들이 그 흔한 페이스북이나 트
위터도 없이 그때나 지금이나 셀 수 없이 많은 팔로워와 친구를 거느릴 수 있었
던 이유는 페이스북의 창립자 마크 저커버그의 목표대로 '공유'를 실천한 분들
이었기 때문이다. 그런데도 석가모니 재세 시절의 불교사상을 단순히 '소승'이라
고 부르는 것은 좀 억울한 감이 있다.

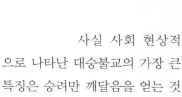

〈5-3〉초기불교에 있어서 신도란 스스로 깨달음을 얻기 보다는 주로 승려들의 깨달음을 지원하는 역할에 만족하는 사람들이었다. 동남아시아의 불교는 아직도 그런 모습을 유지하고 있다.
| 사진: National Geographic fotopedia 〈버마의 꿈〉 Eric Lafforgue의 "Burma, A Buddhist Country' 중에서 |

　　　　　사실 사회 현상적으로 나타난 대승불교의 가장 큰 특징은 승려만 깨달음을 얻는 것이 아니라 일반대중도 깨달음을 얻을 수 있다는 것이다. 누구든 절에 가면 "성불하십시요"라고 인사를 건넨다. 원칙적으로는 인사를 받는 분이 승려건 신도건 가리지 않지만, 주로 스님들이 신도들에게, 혹은 신도들끼리 이 인사를 건넨다. 왜 그럴까. 불교에 조금이라도 지식이 있는 분이라면 '삼귀의'를 알 것이다. 불·법·승이라는 삼보에 귀의한다는 뜻이다. 이 셋은 동등하다는 것이다. 마치 군·사·부 일체처럼, 마치 성부·성자·성령처럼 말이다. 스님께 '부처가 되십시오' 라고 하는 것은 왠지 '승'을 아직 '불'보다 하위개념에 놓고 있다는 것을 전제한 느낌이 든다. 그래서 아마도 '승'에게 '불'이 되라고 하는 말이 어색한 것인가 보다. 여하간 신도들에게도 '불'이 되라고 덕담을 건네는 것은 '신도'들도 노력하면 '불'이 될 수 있다는 것이다. 기독교에서 감히 사제나 신도로서 예수가 되거나 하나님이 되기를 바랄 수 있는가? 그저 천국에 태어났다가 최후의 심판일에 하나님 우편에 앉아있는 것이 최고의 바라는 바 아닌가. 부처가 되겠다는 것은 어쩌면 나 스스로가 하나님이 되겠다는 이야기처럼 신성모독적인 이야기가 아닐까. 사실은 그랬다. 부처님은 그렇게 말씀하신 적이 없었지만, 석가의 입멸 후에는 그 누구도 석가와 같은 경지에 오르는 것을 넘보지 못 했다. 그저 승려들은 아라한이라는 단계에 오르는 것을 목표로 삼았고, 실제 아라한의 경지에 올랐다고 하는 승려도 많이 나타났다. 그리고 아라한에 올랐다는 것을 승단 내에서 자체적으로 검증하는 프로그램도 있었다. 일반 신도는 오직 이러한 승려들이 수행에만 집중하면 되도록 물질적인 서포트를 하는 것만으로 만족해야 했

〈5-4〉 기단부의 장엄은 십이지가 아니라 천인상으로 바뀌었다. 탑을 지킨다는 의미 보다는 더 화사하고 밝고 우아한 분위기로 만들어준다.

〈5-5〉 기단부의 존상이 천인으로 변화하면서 인체에 대한 표현이 보다 우아하게 사실적으로 드러나고 있다. 엄격한 자세로 앉거나 서있던 신장상들이 비스듬히 자유분방한 모습으로 변화한 것이다.

다.〈5-3〉 그러한 공덕이 쌓이면 언젠가는 자신도 출가의 기회를 얻게 될 것이었다. 그렇다, 매우 현실적이었다.

　　　　그런데 왜 대승불교가 등장했어야 했는지는 의외로 분명치가 않다. 많은 학자들이 대승불교가 발생한 시기, 발생한 장소, 그리고 발생한 이유에 대해 연구했지만, 아직 명확한 답은 없다. 승려들을 서포트만 하던 일반신도들이 이젠 승려와 맞짱이라도 뜨자고 일으킨 반란이 대승불교 운동이었을까. 그러면 대승불교는 승려들이 아니라 신도들에 의해 일어난 운동이었던 것일까. 사실 대승불교에서는 승려보다 보살을 더 높은 존재로 추앙한다. 불단 위에 놓인 존상은 보통 불상과 함께 보살상이 놓인다. 보살은 누군가? 그 화려하고 아름다운 모습에도 불구하고 여하간 승려가 아닌 재가신도이다. 어떻게 승려보다 재가신도가 더 높은 존재일 수 있을까. 우리나라가 대승불교의 나라이지만, 절에 가면 신도가 승려보다 더 높은 칭송을 받을 수 있는 것은 아니지 않은가? 그렇

〈5-6〉 보생불로 추정되는 남쪽의 붓다. 석가모니의 항마촉지인과 유사하지만 왼손을 높이 들고 있는 것이 다르다.

〈5-7〉 서쪽의 아미타불
사방불은 조금씩 구성을 달리할 수도 있지만, 아미타불만큼은 고정적으로 등장한다. 담징이 일본 호류지 금당에 그린 아미타
불과 유사한 모습이다.

다면 경전에서 아라한, 즉 승려보다 보살이 더 존귀하다는 것은 거짓인가? 또한 대승불교에서도 삼보는 불·법·보살이 아니라 아직 불·법·승으로 규정하고 있지 않은가?

사실 보살은 재가신도만을 의미하는 것이 아니다. 대승불교 이념을 최초로 정립한 중관학파의 창시자로 일컬어지는 나가르주나, 즉 용수도 분명 승려였지만 용수보살이라고 불렸다. 대승불교의 또 다른 흐름인 유식학파를 창시한 아상가와 바수반두, 즉 무착과 세친 역시 무착보살, 세친보살로 불렸다. 승려라고 할지라도 '아라한'에 목표를 두지 않고 '붓다'라는 업그레이드된 목표를 세운 사람은 그가 승려건, 혹은 재가신도건 보살이라는 명예로운 이름으로 불렸다.

그러나 아라한은 비교적 분명한 목표였고, 검증도 가능했으며, 실제로 아라한으로 인정받은 분들도 많이 나왔지만, 붓다는 비현실적인 목표였고, 검증 시스템도 없었다. 붓다임을 검증하는 시스템이 있었다면 예수도 십자가에 못 박히는 일은 없었을 것이다. 또한 실제 석가모니가 전생에 보살이었을 때 했던 일들은 보통의 인간으로서는 할 수 없는 일이었다. 예를 들어 길을 지나다가 맹인이 눈을 달라고 했을 때 서슴없이 자신의 눈을 기증하고 자신은 맹인이 되는 공덕을 도대체 누가 현실세계에서 할 수 있단 말인가? 이는 성철 큰스님도 못하신 일이고 마더 테레사도 하지 못한 일이다. 나는 그분들이 위선자라고 비판하는 것이 아니다. 그렇게 눈도 간도 신장도 다 떼어주고 나면 어떻게 봉사든 수행이든 할 수 있겠는가. 단언컨데 붓다가 했던 보살행은 실천 불가능한 일이다. 흉내만 낼 수 있을 뿐이다. 따라서 붓다가 되는 길은 제시는 되었으되 걸을 수 없는 길이다. 하지만 이런 황당한 방향제시는 또 다른 의미를 지니고 있었다. 시지푸스의 신화처럼 불가능한 일을 목표로 삼음에 따라 인간은 더 극한까지 그 수행을 몰고갈 수 있게 된다. 결코 안주도, 만족도 없이 "Stay hungry, Stay foolish" 하게 만드는 강력한 힘을 지닌 것이다. 이 때문에 불교는 그 오랜 시간이 흐르는 과정에서도 단순한 요가 수행학원에 머물지 않고 인류의 종교로 승화될 수 있었다.

하지만 그러한 붓다가 되기 위한 길이 너무도 멀고 험하기 때문

〈5-8〉 북쪽을 상징하는 불공성취불
잘 알려지지 않은 붓다이지만, 밀교 초기에는 아주 중요한 붓다의 한분이었다.

〈5-9〉 동쪽을 상징하는 약사여래
마치 왼손 위에 있는 약함에서 알약 하나를 꺼내어 오른손으로 우리에게 내밀고 있는 듯하다.

에 아예 시도조차 해볼 엄두를 못 내게 된다면 이 역시 종교로서의 기능을 잃게 될 것이다. 그래서 불교경전에서는 붓다의 보살행이 얼마나 스스로에게 철저하고 가혹한 것이었던가를 알려줌과 동시에 끊임없이 그러한 붓다가 결코 석가모니 한분에 그친 것이 아니라, 세상에는 무척 많은 붓다가 이미 있어왔다는 사실을 통해 사람들에게 희망을 안겨주고 있다. "누구나" 붓다가 될 수 있고, "어디에나" 붓다가 있다는 것이다. "누구나" 붓다가 될 수 있다는 것은 우리 모두에게 붓다가 될 수 있는 씨앗이 있다는 '여래장' 사상으로 발전했고, "어디에나" 붓다가 있다는 것은 '다불사상'으로 발전했다. 소승불교 시절에도 석가모니 외에 미륵불의 개념이 있었지만, '다불사상'은 그것을 너머 다양한 붓다의 존재를 만들어내었다. 우리가 잘 알고 있는 아미타불도 그 한 예이다. 원래 붓다는 한 세상에 56억7천만년 만에 한 분의 비율 정도로 출현한다고 하였다. 하지만 우주의 시간적 역사와 공간적 넓이는 무한하다고 간주되었기 때문에 아무리 56억7천만년에 한 분이 나타난다고 하더라도 세상에는 무한히 많은 부처가 출현했었고, 또 무한의 부처가 우주에 존재하고 있다는 개념이 나타난 것이다. 이를 경전에서는 "갠지스 강의 모래알만큼 많은 부처"라고 흔히 비유하였다. 지금이야 여행자의 입장에서 갠지스 강의 모래알을 찾기가 어렵겠지만, 말하자면 동해안 백사장의 모래알만큼 많은 부처라고 하면 실감이 날 것이다. 이를 대표하는 것이 바로 시방삼세불이나 사방불의 개념인 것이다. 특히 탑에 새겨진 사방불은 탑의 사각형 평면에 표현되기에 가장 좋은 도상이었다. 이러한 사방불이 선종의 일파인 가지산파의 석탑에서 처음 나타난 것은 우연이 아니다.

　　　　인도에서 발생한 대승불교는 다시금 두 방향으로 발전했는데 하나는 밀교이고 하나는 선종이었다. 밀교는 인도 · 티벳 · 중국 등에서 모두 보이는 반면 선종은 중국에서만 발전했다는 특징이 있으나 사실상은 유식불교의 극단적인 한 모습이라는 점에서 밀교와 크게 다르지 않다. 특히 밀교와 선종의 가장 큰 공통점은 "지금 이 순간 붓다가 된다"는 개념이라는 점에서 서로 같은 배경을 가지고 있다. 물론 차이점도 있기는 하다. 어쩌면 선종은 "이미 자신이 붓다가 되어있음을 발견하라"는 점에서 더 극단적이라고나 할까. 이를 전문용어로 표현하자면 "즉신성불卽身成佛"의 밀교와 "즉심시불卽心是佛"의 선종이라고 하겠다.

　　　　다소 장황하게 설명했지만 요점은 선종 조사의 석탑에 밀교적 도상이 나타난 이유와 함께 이렇게 사방불처럼 붓다가 강조된 이유를 이해해보자는 것이었다. 그럼 이제 사방불의 모습을 살펴보도록 하겠다. 네 불상 모두 결가부좌를 하고 있다. 차이점은 동·서의 좌상은 통견법의, 남·북의 좌상은 편단우견의 법의를 입고 있다는 점, 그리고 수인, 즉 손 모습에서 찾아볼 수 있다. 정면이라고도 할 수 있는 남쪽에는 오른손으로 항마촉지인을 하고 있으며, 왼손은 가슴 앞으로 들어올려 엄지와 중지를 맞댄 채 손바닥을 바깥으로 향하고 있다.〈5-6〉 시계 방향으로 돌면 서쪽에는 양 손을 모두 가슴 앞으로 들어올려 엄지와 약지를 맞대어 원형을 만든 손 모습을 볼 수 있다.〈5-7〉 다시 북쪽의 좌상은 아마도 오른손으로는 '두려워말라'는 의미의 시무외인을 왼손은 아랫배 앞에 살짝 내려놓은 듯한 수인을 하고 있으며〈5-8〉, 마지막 동쪽면의 좌상은 왼손으로는 작은 단지 같은 것을 들고 오른손으로는 엄지와 중지를 맞댄 수인을 하고 있다.〈5-9〉

　　　　사방불의 각 불상이 어떤 불상을 의미하는지 경전을 찾아보면 대체로 『관불삼매해경』이나 『금광명경』 등을 참조할 수 있는데, 학자들은 진전사지 석탑의 경우 아마도 『불공견삭신변진언경』에 의한 것이 아닐까 추정하고 있다. 그에 의하면 남–서–북–동의 순서로 각각 보생불–아미타불–불공성취불–아촉불의 순서가 된다. 여기서 서방의 아미타불은 비록 경전을 달리 한다고 해도 워낙에 유명한 인기스타여서 아미타불이 없는 경우는 거의 없고, 또한 손 모습도 담징이 그린 일본 호류지의 금당벽화에 등장하는 아미타불처럼 전통적인 손모습을 하고 있어서 의심의 여지가 없다. 동방의 경우는 약함을 들고 있어서 동방유리광세계의 약사불로 볼 수도 있지만, 사방불에 약사불이 포함되는 경우가 드물어 약사불로는 보지 않는 경향이 있지만, 우리나라에 와서 독특하게 아촉불 대신 약사불을 표현했을 가능성도 열어둘 필요는 있을 것이다. 특히 약사불을 부정하는 경우는 약함이 분명하게 보이지 않는다는 것을 지적하고 있으나, 이번에 조사된 사진에 의하면 분명하게 약함이 선각에 가깝게 새겨져 있어서 약함의 유무는 더 이상 문제가 되지 않을 것 같다. 보생불과 불공성취불은 우리

〈5-10〉 단순히 머리장식으로서의 용이 아니라 정말로 용을 몸에 휘감고 있는 것처럼 표현하여 더 기괴하다.

〈5-11〉 용 뿐 아니라 뱀도 등장하고 있다. 금방이라도 꿈틀거릴 것 같은 뱀을 한 손으로 꽉잡고 있는 모습이 생동감있다.

에게 생소한 부처이지만, 저명한 심리학자 칼 융이 관심을 가졌던『티벳 사자의 서』등에는 자주 등장하는 밀교의 부처이다.

사방불의 개념을 이해했다면 진도를 조금 더 나가보자. 이 사방불은 오방불의 개념과도 밀접한 연관이 있다. 오방불은 동·서·남·북 외에 그 가운데인 중中의 개념이 더 포함된 것인데, 진전사탑도 따지고 보면 사방불이 아니라 오방불이다. 나머지 한분은 어디에 계시는가? 바로 탑 안의 사리이다. 그 사리는 석가모니를 의미하고, 때로는 석가모니께 내재된 비로자나불을 의미할 수도 있다. 눈에 보이는 사방불과 이를 중심에서 엮어주는 보이지 않는 석가모니불. 드러내지 않음으로써 더 강력하게 그 존재감을 드러내는 석가모니와 보이지 않는 붓다를 드러내지 않고 드러내 주는 사방불의 존재. 이야말로 '색즉시공 공즉시색'의 완벽한 시각화가 아니겠는가.

이들 진전사탑에 묘사된 부처의 모습은『불공견삭진언신변경』의 묘사와 완전히 일치하는 것은 아니지만, 오히려 경전의 묘사에 구애받지 않고 독특한 도상을 보여주고 있다는 점, 그리고 이후 우리나라 불탑에 조성되는 사방불의 기초를 확립했다는 점에서 매우 중요한 작품이라 하겠다. 특히 일부 파손된 흔적은 있으나 마치 얼마 전에 조각된 것처럼 생생하게 보존 상태가 좋다는 점 역시 연구자들에게 더없이 고마운 일이 아닐 수 없다.

기단부에 새겨진 팔부중 가운데 놓치면 안되는 몇가지만 살펴보도록 하겠다. 첫째는 용이나 뱀과 같은 동물을 목에 두르고 있는 존상⟨5-10, 5-11⟩이 셋이나 있다. 다른 곳에서는 용만 등장했던 것과는 차이가 있다. 둘째로는 입이 새의 부리처럼 생긴 신중이 분명하게 드러나 있다는 점이다. 아마도 가루라⟨5-12⟩를 표현한 것으로 보인다. 끝으로 하프를 타는 모습의 신중⟨5-13⟩은 단순히 하프를 들고만 있는 것이 아니라, 비록 줄은 표현되어 있지 않지만, 마치 정말로 줄을 튕기고 있는 것처럼 생생하게 묘사된 것이 신비롭기까지 하다.

팔부중이 새겨진 기단부 아래에는 더 낮고 넓은 기단이 있는데, 여기에도 각 면에 두 구씩의 천인상들이 새겨져 있다.⟨5-4, 5-5⟩ 음악을 연주하거나 합장을 하고 있는 자세인데 이렇게 1층에 사방불, 상층기단에 팔부중, 하층기단에 천인상을 새겨 넣음으로써 불탑의 장엄은 완벽한 하나의 세트를 이루게 된 것이다. 단순한 무덤이었던 스투파는 이제 그 죽음의 이미지를 완전히 떨쳐버리고 전혀 다른 상징체계로 변모하고 있다. 깨달음을 얻은 자의 사리를 중심으로 하여, 그것을 증명하기 위해 우주의 저 먼 곳으로부터 날아와 사리 주변에 둘러선 수많은 붓다들, 그리고 그들의 설법을 듣고 세세토록 전해지게 하기 위하여 모여든 팔부신중, 그리고 이러한 모임을 찬양하고 있는 천인들을 통해서 불탑은 승리의 기념비로서 화려한 변신을 시도한 것이다.

아울러 한 가지, 경주에서 이렇게 멀리 떨어진 양양지역에서 경주양식에 비교해 손색없는 뛰어난 기량을 지닌 조각가가 활동하고 있었다는 것은 문화의 중심이 경주에 집중되었던 것으로부터 점차 지방으로 이동하고 있음을 보여주는 현상이라는 점은 언급해두어야 할 것 같다.

〈5-12〉 새의 부리를 가진 팔부중은 아마 가루라일 것이다. 운문사탑 팔부중에 비해 각각의 개성이 더 뚜렷하다.

〈5-13〉 공후의 현 부분을 투명하게 비워둠으로써 정말로 현을 퉁기고 있는 것처럼 표현한 그 감각이 돋보인다.

불탑 수호를 위해
총동원된 신상들

|

안동 법흥사지 칠층전탑

불탑 수호를 위해 총동원된 신상들

안동 법흥사지 칠층전탑

우선 이 탑은 신세동 7층전탑이라는 명칭으로도 불리고 있지만, 실상 이 탑이 위치한 곳의 행정동명은 법흥동이다.〈6-1〉 어디서 착오가 생긴 것인지는 모르겠지만, 행정구역의 관할영역이 변화하면서 옛 이름을 그대로 사용하고 있는 탓이 아닌가 싶다. 왠지 신세동이라는 이름보다는 법흥동이라는 이름에서 불교의 냄새가 느껴진다. 신라는 법흥왕 때에 이차돈의 순교를 통하여 불교를 공인하였는데, 법흥이라는 말 자체에서 불법을 일으킨다는 뜻을 엿볼 수 있다. 일설에는 이 전탑 주변에 법흥사라는 절이 있었다고 하는데, 현재는 절의 흔적은 찾아볼 수 없다. 탑 바로 한쪽은 철길이 지나고, 그 너머로는 낙동강이 흐르고 있어서, 절이 있었다면 반대쪽에 자리한 고성이씨 탑동파 종택 자리가 아마 그 자리였을지도 모른다.

지금은 낙동강과의 사이를 가로지르는 철길의 둑방으로 인해 마치 기찻길 옆 오막살이 신세가 되었지만, 철길이 없던 시절은 강물을 내려다보는 전망 좋은 기슭에 위치하여 웅장한 자태를 뽐내면서 강을 오르내리는 사람들에게 경배의 대상이 되었을 것이다. 따라서 시간을 거슬러 올라가 자연 그대로의 품 속에 놓인 이 전탑을 상상해볼 필요가 있다.

여기서 전탑이라는 점이 특이하다. 전탑이란 전塼, 즉 벽돌로 만든 탑을 말한다. 우리나라는 익산 미륵사, 경주 황룡사 등에서 목탑이 먼저 만들어졌고, 신라의 통일을 즈음하여 점차 석탑이 주류로 자리잡게 되었는데, 그 과정에 분황사 모전석탑 같은 과도기적 존재가 있었을 것으로 짐작되고 있다. 분황사 모전석탑은 선덕여왕 시기에 세워진 것인데, 모전석탑, 즉 벽돌탑을 모방한

〈6-1〉 전탑들은 대체로 규모가 크다. 황룡사 9층 목탑 같은 신라의 좋았던 시절을 상징하는 건축물을 동경하였으나 그럴만한 여건이 되지 않았던 사람들이 고안한 새로운 대형 조형물이 아니었을까.

돌탑이라는 의미이다. 따라서 사실상은 전탑과도 구분되는 독특한 존재이다. 여하간 이 글은 모전석탑이 아니라 본격적인 전탑에 대한 것이다.

전탑은 여기서 살펴볼 법흥동 전탑이 가장 이른 시기로 편년되며, 이후로 많은 사례를 남기고 있는데, 주로 안동 지역을 중심으로 한 경북 지역에 집중적으로 분포하고 있다는 특징이 있고, 또 대부분은 정확한 연대 판정도 어렵다는 문제점을 지니고 있다. 아울러 왜 이 지역에서 주로 전탑이 나타나는가에 대한 원인도 특별히 밝혀진 바 없다. 이들 전탑들이 주로 강을 끼고 있어서 치수治水의 목적을 지녔던 것이 아닌가 생각되지만, 치수의 문제가 이 지역만의 문제는 아니었음에도 왜 이 지역에서 치수와 전탑이 연관되었는지 역시 더 풀어야 할 과제인 것이다.

우선은 전탑의 조형적 특징에 대해 알아봄으로써 나름대로 해결의 실마리를 찾아보고자 한다. 그냥 돌을 쌓거나 혹은 판석을 만들어 탑을 세우는 것과 벽돌을 쌓아 만드는 탑의 근본적인 차이점은 어디서 비롯되는 것일까. 어떻게 보면 전탑이나 모전석탑은 비록 우리나라와 우리나라의 영향을 받은 일본에서는 특이한 존재로 인식되고 있지만, 인도에서 중국에 이르기까지에는 상당히 보편적인 탑 공법이었다. 인도의 스투파들은 마치 피라미드를 쌓는 것처럼 돌을 벽돌처럼 규격화하여 잘라 탑을 쌓았다. 중국에서도 많은 전탑이 세워졌고, 아마도 벽돌이 큰 규모의 탑으로부터 하중을 지탱하지 못하는 경우에는 벽

〈6-2〉 불교적 신중상의 버라이어티쇼일까? 총출동된 24구의 신장은 사천왕사지 탑 아래의 신장상과 숫자는 같지만, 도상은 훨씬 다양하다. 사천왕사탑의 개념이 보다 세분화된 것으로 보인다.

〈6-3〉이렇게 악귀를 깔고 앉아있는 신상은 사천왕일 가능성이 높아 보인다. 근육질의 악귀지만 나름 귀엽게 봐줄만한 구석도 있다.

돌을 대신하여 돌을 벽돌처럼 다듬어 탑을 세웠던 것으로 보인다.

그렇다면 왜 우리나라에서는 벽돌탑이 드문 것일까. 사실 중국에서는 비교적 이른 시기부터 건물에 벽돌을 사용했지만, 우리나라에서는 벽돌을 거의 사용하지 않았다. 예를 들어 당나라 때 건축이라고 하는 중국 건물들은 판자로 된 문과 창문 등을 제외한 벽면에 벽돌을 적극적으로 사용하고 있다. 처음부터 그렇게 되었던 것인지, 아니면 이후에 보강된 것인지는 더 깊이 연구해보아야겠지만, 머지않은 이후부터는 벽돌이 적극적으로 사용되었음은 분명한 것 같다. 그러나 우리나라의 경우는 발굴을 통해 벽돌이 발견되는 경우가 매우 드물다. 공주 무령왕릉이 벽돌로 만든 무덤이고, 그 외 벽돌을 사용한 무덤들이 백제지역에서 발견되고 있으며, 신라지역에서도 산수문이 새겨진 벽돌이 일부 발견되기는 하지만, 그 비중에 있어서는 중국과 비교가 되지 않을 만큼 미미하다. 왜 그런 것일까.

언뜻 생각하기에 벽돌은 돌보다 다루기도 쉽고 경제적으로도 더 저렴한 것으로 생각된다. 그 점을 반증하는 것은 대부분의 전탑들은 통일신라시대의 일반적인 석탑들에 비해 규모가 더 크다는 것이다. 감은사탑과 같이 거대한 석탑은 불국사 석가탑을 거치며 진화하는 동안 그 크기가 점점 줄어들었다. 대신 쌍탑이라는 독특한 방향으로 전개되어 나갔다. 어쩌면 전탑을 만들었던 사람들은 이러한 시대조류를 거부하고, 당시 유행하던 스타일이 아니라 보다 큰 탑을 세웠던 과거의 어떤 시절을 그리워했던 사람들이었는지도 모른다. 그리고 돌로도 굳이 큰 탑을 세우려면 세울 수도 있었겠지만, 채석장에서 거대한 돌을 잘라 이동하고, 그것을 다시 고층까지 끌어올려 탑을 세우는 것은 향촌 지역민들이 하기에는 너무 큰 공사였을 것이다. 그래서 대안이 되었던 것이 아마도 전탑이 아닌가 한다.

다시 말해, 전탑의 기본적인 배경은 거대한 탑을 축조하고자 했지만, 과거의 거대한 탑을 세웠던 사람들과 같은 강한 권력을 지니고 있지 않았던 사람들의 선택이었을 것이라는 점이다. 스스로에게 강한 권력이 없기 때문에 탑을 세우기 위해 힘을 모아야 했을 것이다.

만약 감은사 탑을 세우기 위해 여러 사람이 모여 힘을 모은다고 가정해보자. 지금 같은 화폐경제 사회에서는 탑을 세우는데 얼마의 비용이 소요되는지를 산출하고 그것을 모인 사람의 수대로 나누어 분담하면 되었을 것이다. 혹 모인 사람들 중에 재력이 더 있고, 덜 있는 사람이 있어 차등을 두고자 했다면, 누가 얼마만큼 더 내고 덜 냈는지, 그래서 비록 함께 힘을 모았지만 그 중에 누가 가장 많은 참여를 했는지 분명하게 차등을 두어 공덕을 돌렸을 것이다. 그것이 바로 화폐의 편리함이다. 하지만, 그러한 화폐경제가 확립되어 있지 않았던 시절에는 누구는 쌀을 시주하고, 누구는 비단을 시주하고, 누구는 금을 시주하는데다 그 양도 워낙 많은 사람들이 제각각이었기 때문에 누가 얼마만큼의 시주를 했는지 직접적인 비교가 어려울 것이고, 그렇다면 남들의 시선을 의식해더 열심히 시주하려고 하는 체면 같은 것도 없었을 것이다. 하지만, 이 모든 실물단위를 모두 벽돌로 환산해보자. 쌀 한가마니에 벽돌 몇 장, 비단 한 필에 벽돌 몇 장 등등으로 말이다. 그렇다면 전체 탑에 들어가는 벽돌의 수와 함께 그 중에 누가 몇 장의 벽돌을 시주했는지 분명하게 비교될 것이다. 많이 한 사람은 많이 한 사람대로 생색이 날 것이고, 벽돌 단 한 장 값만 시주한 사람도 나름대로는 임의로 전탑의 벽돌 한 장을 짚어 그것은 자신이 시주한 것이라고 자부심을 가질 것이다. 이것은 마치 요즘의 절에서 번와불사를 할 때 기왓장을 잔뜩 쌓아놓고 신도들에게 기와 한 장마다 시주를 받는 것과 마찬가지 개념이다. 어디로부터인가 큰 시주를 받으면 좋겠지만, 십시일반 공덕을 보탤 때는 이보다 더 좋은 이벤트가 없다. 큰 돈은 시주하기 어렵지만, 작은 돈이라도 무시하지 않고 성의있게 받아주면 누구든 그 정도 정성을 베풀 마음의 준비는 되어 있기 때문이 아닐까. 보다 일상적으로는 전화 한통화로 1000원 내지 2000원을 기부하는 문화와 비슷하다. 다시 말해 중앙집권적 권력으로 세워진 것이 아니라, 십시일반 모은 돈으로 세우는 개념이 '전탑의 경제학'이라는 것이다.

그러나 전탑이라는 것이 그렇게 쉬운 작업만은 아니다. 예를 들어 우리 인류는 오래전부터 면이니 모니 비단이니 하는 자연에서 추출된 좋은 옷감을 만들 줄 알았지만, 그보다 더 저렴하고 질이 떨어지는 나일론이나 폴리에스테르는 사실상 첨단기술인 것과 마찬가지이다. 벽돌은 단순히 자연에서 추출된 것이 아니라, 적당한 흙을 선별하여 정제하고 그것을 다시 특별한 용도에 맞는

〈6-4〉 기와를 얹은 옥개석. 전탑이 목탑을 지향하고 있다는 것을 분명하게 보여주는 점이다.

모양으로 가공하여 단단하게 구워내는 기술과 생산시설이 없이는 불가능하다. 따라서 벽돌이나 기와는 사실상 도자사의 범주에서 매우 중요하게 다루어져야 하는 공학기술의 문제였다. 마치 우리는 천연재료를 더 선호하고 나일론을 싸구려 취급하지만, 아마존 원시부족이 결코 스스로 나일론을 만들어 낼 수는 없는 것과 마찬가지이다.

　　　　통일신라시대의 입장에서 본다면 벽돌의 쓰임은 많지 않았다. 비슷한 기와의 용도 이외에는 벽돌은 건축에서 잘 쓰이는 재료가 아니었기 때문이다. 기와는 지속적인 수요가 있지만, 탑은 한번 만들고 나면 그만이었기 때문에 단지 탑을 세우기 위한 용도만으로 벽돌 가공공장을 세울 수는 없었을 것이다. 따라서 언뜻 벽돌탑은 돌탑을 세우는 것에 비해 힘이 덜 들었을 것 같지만, 벽돌 공장을 세워야한다는 점에서 보면 생각만큼 쉬운 일은 아니었을 것이라는 뜻이다. 벽돌탑이 그나마 지속적으로 만들어질 수 있었던 것은 우선적으로 탑 외에도 벽돌의 수요가 생겨서 수급이 원활해졌을 가능성도 있고, 기와를 굽는 가마에서 벽돌을 함께 만드는 기술이 점차 일반화되었기 때문이었을 수도 있다. 그

〈6-5〉 이렇게 갑옷을 입지 않은 신상은 범천으로 보이는데, 그렇다면 아마 이 탑의 신상 중에 제석천도 있을 가능성이 높다.

러나 현재까지는 전탑 이외에 벽돌이 적극적으로 사용된 사례는 찾아보기 힘들다. 따라서 우선은 궁궐과 관청, 그리고 절 이외에도 기와를 올리는 집이 급속히 늘어나면서 기와 산업이 크게 일어났고, 이어 남는 생산력으로 벽돌을 만들어 탑 건축에 사용했다고 보면 되지 않을까 생각된다.

그럼 이제 탑의 기단부에 부조된 조각들을 살펴볼 차례이다. 앞서 4구의 사천왕, 그리고 8구의 팔부중이 새겨진 사례를 보았다. 그런데 이 전탑의 기단부는 크기도 탑에 비해 매우 클 뿐만 아니라, 각 면에 무려 6구의 신중이 새겨져 있어서 도합 24구의 상이 봉안되었던 것으로 추정된다.〈6-2〉 그 중에 서쪽면은 상이 거의 유실되어있고, 나머지 상들 중에서도 상당부분은 마모가 심하여 도상을 파악하기가 무척 어렵다. 도대체 24구나 되는 상들을 무엇으로 채웠던 것일까.

우선 남아있는 상을 통해 최대한 추론해보면 다음과 같다. 대부분의 상들은 가부좌를 하고 앉은 무장상으로 보인다. 따라서 사천왕과 팔부중이 분명 24구의 신상 중에 포함되어 있는 것 같다. 그중에 일부는 악귀를 깔고 앉아있는데, 이들이 틀림없이 사천왕일 것이다.〈6-3〉 그 외에는 팔부중일 가능성이 높다. 나머지 상들 중에서 만약 동물 얼굴을 한 상들이 있다면 12지신상으로 볼 수 있겠지만, 현재로서는 보이지 않는다.

또 다른 가능성은 사천왕+사천왕 팔부중+붓다 팔부중의 조합이다. 그렇다면 4+8+8=20구의 존상 구성이 된다. 그래도 4구가 남는다. 여기에 범천과 제석천, 금강역사 2구를 더하면 24존상으로 대략 숫자는 맞지만, 어디까지나 추론이다. 그러한 추론을 가능하게 하는 것은 모두 갑옷을 입은 무장인데 반해 유일하게 동쪽면에 새겨진 한 존상은 갑옷을 입지 않고 마치 붓다처럼 옷을 입고 있기 때문이다. 이 상은 다른 석탑의 경우와 비교하면 여기서는 좌상이긴 하지만 범천이나 제석천일 가능성이 있다.〈6-5〉 서쪽면의 존상이 조금이라도 흔적을 남겨서 금강역사의 부분이라도 확인할 수 있다면 더 좋았겠지만, 더 이상 추론하기는 어렵다.

그러나 한 가지 분명한 것은 이렇게 모든 신중들이 총동원된 탑은 매우 드물다는 것이다. 이들 존상들이 새겨진 기단부가 시멘트로 보강되어 있어서 각각의 석판들이 제자리인지, 아니면 다른 곳에서 옮겨온 것인지 등 변수

〈6-6〉 여러개의 팔을 지닌 것으로 보아 팔부중 가운데 아수라인 것이 분명하다. 따라서 24구의 신상 중에 8구는 팔부중일 것이다.

〈6-7〉 악귀를 깔고 앉아있는 사천왕으로 보인다. 사천왕은 다소 비스듬한 자세로, 팔부중은 반듯한 자세로 표현함으로써 위계를 표현하려고 했던 것일까?

<6-8> 팔부중 가운데 천이나 용으로 보이는데, 정면을 향해 앉아있고, 갑옷은 조금 더 단순하다.

<6-9> 두 번째 사천왕상. 사천왕의 갑옷이 선명하게 남아있다. 악귀는 배를 땅에 깔고 누워 등에 사천왕을 태우고 있다.

<6-10> 6-9의 세부. 갑옷의 복부에 용의 얼굴을 새겨 넣었는데, 이런 갑옷은 감은사탑 출토 사리함에 부착된 남방 증장천왕의 갑옷에서도 확인된다.

는 매우 많지만, 일단 원래부터 이 전탑 기단부에 봉안되어 있었던 것이라면 틀림없이 특별한 사례인 것이다. 이와 유사한 사례라면 최근 발굴된 사천왕사지의 목탑 기단부를 들 수 있다. 여기에는 한 면에 6구씩 도합 24구, 두 탑 합쳐서 모두 48구가 모셔졌다. 전에는 여기서 출토되었다고 전해지는 소조신장상편이 팔부중이다 사천왕이다 의견이 분분했지만, 현재는 발굴을 통해 탑 기단부에 새겨진 팔부중일 것이라는 주장에 더 무게가 실렸다. 하지만, 비록 숫자는 많아도 도상은 3개의 도상이 반복적으로 표현된 것이어서 이 또한 의문이 남는다. 아직 팔부중의 도상이 확립되기 전이어서 그랬던 것일까? 사천왕사지 탑의 24구 신장과 신세동 전탑의 24구 신장은 숫자에 있어 어떤 연관이 있지는 않을까?

　　　　이렇게 많은 존상이 봉안된 것은 우선적으로는 이 탑이 목탑의 형태를 모방하면서 거대한 기단부를 지니게 된 것에서 실마리를 찾을 수 있다. 실제 전탑 중에는 옥개석 위에 기와를 얹고 있는 것이 많은데, 이를 통해 분명 전탑들이 거대한 목탑의 재현을 목표로 하고 있다는 점에 수긍하게 된다.〈6-4〉 사천왕사지의 쌍탑도 목탑이었던 것을 감안하면 석탑처럼 한 면에 두 구씩 새겨서는 공간이 너무 많이 남게 된다. 따라서 이렇게 석탑에서 정형화된 형태와는 다른 더 넓고 긴 기단부를 채울 수 있는 보다 확장된 형태의 신장상을 봉안하는 형식이 생겨난 것이 아닐까 생각해 볼 수 있다. 또는 그것이 아니라면 사천왕사 목탑과 같은 목탑에 먼저 더 많은 수의 신장들이 돌아가면서 새겨지고, 이것이 전탑으로 옮겨갔다가 다시금 기단부가 작은 석탑으로 옮아가면서 수를 줄여 팔부중이라는 새로운 컨셉이 발생했던 것이라는 가정도 세워볼 수 있을 것이다. 과연 팔부중과 같은 신장상을 기단부에 먼저 새겨넣기 시작한 것은 목탑이었을까 석탑이었을까, 아니면 전탑이었을까.

　　　　이 문제를 풀어가기 위한 실마리는 아무래도 이 탑의 정확한 축조시기를 밝히는데서 찾아야 할 것이다. 석탑은 대략적인 정형성을 가지고 있어서 그 양식변천을 확인할 수 있고, 특히 가끔씩 사리기 등이 그 안에서 발견되어 그 연대를 짐작하는데 도움이 되고 있지만, 전탑은 각각이 독특한 특징을 지니고 있고, 봉헌물이 발굴되는 경우가 드물어서 연대 판정이 어렵다. 그나마 이들 팔부중의 표현기법 등을 통해 그 연대를 짐작할 수 있을 뿐이다. 그런데 신세동 전탑에 새겨진

〈6-11〉 구름, 혹은 바위 위에 가부좌를 정확히 하고 반듯하게 칼을 매고 앉아있는 신상들은 팔부중 그룹일 것이다.

〈6-12〉 팔부중이면서도 이렇게 무기를 들지 않고 법을 들고 있는 듯한 모습은 사천왕 팔부중과 구별되는 불타 팔부중의
하나가 아닐까?

팔부중의 양식이 석탑에 새겨진 팔부중 가운데 이른 시기의 사례보다 결코 늦어 보이지 않는다는 점에서 선후관계를 밝히는 것이 매우 어려운 상황이다.

　　　　　이제까지 알 수 있는 상황만을 대략적으로만 정리를 해보고자 한다. 전탑이 주로 위치한 경북 지역은 삼국시대의 경우는 경주로부터 멀리 떨어진 북쪽 국경 인근에 위치한 촌락이었고, 통일이 된 후에는 고구려나 백제의 고토에 비해 경주의 문화를 가장 일찍 받아들일 수 있었던 위성 촌락이 자리한 곳이었다. 무슨 이유 때문인지 그곳의 통치자들은 삼국~통일신라 전반기에 거대한 탑을 세우던 전통을 계승하여 큰 탑을 세우고자 했지만, 경주의 중심 세력들만큼의 정치권이나 경제권을 가지고 있지 않았다. 그러나 마침 점차 기와집이 늘어나면서 기와제작 산업이 발전하였고, 여기서 벽돌도 부수적으로 생산해낼 수 있다는 것을 확인한 이들은 벽돌 불사를 일으켜 십시일반 지역민들의 시주를 받아 경제적 문제를 충당하면서 탑을 조성하였던 것이다. 비록 벽돌이라는 재료를 선택하기는 했지만, 탑의 느낌은 목탑의 느낌이 들도록 의도했기 때문에 옥개 위에는 기와를 올리고, 기단부는 목탑 기단부처럼 크게 만들어 마치 사천왕사 목탑지에서처럼 그 안에 다양한 신상을 새겨넣은 것이다.

◀ 〈6-13〉 세 번째 사천왕상. 오른손에 칼을 들고 왼손으로 무언가 길쭉한 것을 들고 있는데, 혹시 탑을 든 북방다문천일까?

미륵을
기다리는 불탑

光陽 中興寺址 三層石塔

미륵을 기다리는 불탑

광양 중흥사지 삼층석탑

앞서의 글에서 탑에 사방불이 새겨진 경우를 이야기한 바 있다. 그리고 그것이 밀교와 같은 새로운 불교사상의 영향임을 언급했다. 여기서는 같은 사방불이지만, 조금 다른 개념의 사방불을 이야기하고자 한다.

중흥사지는 전라남도 광양시 옥룡면 운평리의 중흥산성中興山城 내에 자리잡고 있는 절터이다. 전하는 바에 의하면 신라 경문왕 때 도선道詵이 운암사라는 이름으로 창건하였다고 한다. 그러다가 임진왜란 때 승병과 의병이 중흥산성에 머물면서 왜병과 격전을 벌이다 승병들은 순절하였고 절은 불타버렸다. 현재의 중흥사는 1958년에 김공돌이란 분에 의해 중창되어 지금에 이르고 있는 것이다. 이 글에서 다루고자 하는 삼층석탑은 현재의 중흥사에 세워져 있는 탑으로서 원래 중흥산성 서쪽 시냇가에 쌍사자석등(국보 제103호)과 함께 있었으나, 석등은 현재 국립광주박물관으로 옮겨가고 석탑은 현재의 위치로 옮겨온 것이다.〈7-1〉

이 절을 세웠다고 하는 도선은 누구인가? 우리나라 사찰의 창건자를 살펴보면 대략 네 분의 스님으로 요약되는데, 첫째가 의상이요, 둘째가 원효요, 셋째와 넷째가 바로 도선이나 자장일 것이다. 이중에 자장은 신라시대의 스님이고, 의상과 원효는 신라에서 통일신라시대에 걸쳐서 활동했던 분이며, 도선은 통일신라 말기를 살았던 분이니 여하간 우리나라 사찰의 대부분은 통일신라시대까지 그 연혁이 올라간다는 정통성을 지니고 있는 셈이다. 이들 각각의 창건주를 자랑하는 사찰들은 그 분들의 불교사적 성향에 따라 사찰의 특징을 규정하고 있는 편인데, 그중에서도 도선에 귀속되는 사찰들의 특징은 아무래도 선

〈7-1〉 국립광주박물관에 있는 쌍사자석등(국보 103호)과 함께 인근 시냇가에 무너져 있었던 것을 1958년에 탑만 이곳으로 이건했다.

〈7-2〉 풍수지리를 모르는 사람도 이곳에 오면 도선국사가 왜 말년을 이곳에서 보냈는지 짐작할 수 있는 탁 트인 양지바른 정경이 인상적이다.

종, 그리고 풍수지리의 개념이겠다.

　　　　도선스님은 원래 영암사람이지만, 말년은 광양에 와서 보냈다. 태어나는 것이야 자기 마음대로 되는 것이 아니지만, 그래도 말년을 보내는 장소는 스스로가 원하는 곳에서 보내지 않았을까? 그렇다면 한국적 풍수지리의 창시자가 자신의 마지막 삶을 정리할 장소로 광양을 택했다는 것은 광양이 그만큼 풍수지리적으로 훌륭한 곳이었음을 암시한다고 하겠다.〈7-2〉

　　　　도선은 광양 옥룡사를 주석처로 삼았지만, 바로 근처에 중흥사와 같은 절도 건립했다고 전한다. 옥룡사는 풍수지리를 연구하는 사람에게 도선이 자신의 임종처로 선택한 만큼 풍수지리의 핵심 사상이 반영되어 있을 것이라 믿어졌고, 그래서인지 마을 사람을 붙잡고 물어보면 누구나 풍수지리에 대해 일가견을 가지고 나름대로 지형을 읽을 줄 아는 분들이 많다. 실제 옥룡사터에 올라가 산아래를 내려다보면 그 풍광이 마치 세상을 품을 듯 하고, 뒤를 돌아보면 자신이 산의 품에 안기는 느낌이 든다. 그리고 그 가운데 거대한 주초석들이 아직 남아서 도선의 위용을 대변하고 있다.

중흥사지는 현대에 와서 중건된 사찰이 있어서 옥룡사와 같은 무상함과 고풍은 없으나 산 아래 풍광이 탁 트여 시야에 들어오는 것이 한 세상 보낼만한 곳임을 알게 된다. 여하간 어디 풍광 좋지 않은 사찰이 있겠는가만은 옥룡사와 중흥사는 아늑하다기 보다는 호방한 느낌이 든다는 점에서 독특하다.

도선의 풍수지리가 "한국적" 풍수라고 강조해 말했는데, 풍수지리 자체는 중국에서도 있었기 때문에 하는 얘기다. "풍수"는 "장풍득수"의 줄임말이다. "바람은 막고, 물을 얻는다"는 것은 말 그대로 모진 바람을 주변의 산들이 막아주면서, 물길은 천천히 흘러 그 물이 공포의 대상이 아니라, 사는 사람들이 마음껏 이용할 수 있는 그런 지형이 살기 좋은 곳임을 설명해주고 있다. 많은 고고학적 유적지 중에서 마을 유적은 대부분 그런 "장풍득수"의 조건에 부합한다.

그런데 도선은 단순히 그런 풍수지리를 중국에서 가져온 역할에 머물지 않는다. 그것을 한국의 지리적 특성에 맞게 재창조했다는데 의의를 두어야 할 것이다. 어떤 점에서 차이가 있는가. 중국은 워낙에 땅덩어리가 넓어서 장풍득수 할 수 있는 곳을 어떻게든 찾아 살면 된다. 하지만 우리나라는 이것저것 따져서 살기에는 땅이 넓지 않다. 따라서 전형적인 장풍득수의 지역이 아닐 경우에는 그곳의 단점을 따져서 보완할 줄 알아야 한다는 것이다. 그것을 '비보'라고 불렀다. 말하자면 도선은 국토개조론자였다. 나아가 그러한 국토개조를 단지 개인의 삶을 위해서가 아니라, 국가의 이익을 위해서라도 국가 차원에서 주도해 나가야한다고 주장했다. 특히 그 부족한 부분을 보완하는 방법 중 가장 보편적인 것은 그 장소에 절을 세우는 것이었다. 마치 아픈 곳에 침을 놓거나 부황을 뜨는 것처럼 사찰이 바로 그 병든 국토에 처방하는 침이요 부황이었던 것이다. 그것이 정말로 도선의 생각이었는지, 아니면 사실상 도선을 지금과 같은 중요한 인물로 재탄생시킨 왕건을 비롯한 고려 창업자들의 아이디어였는지는 정확하지 않다. 하지만, 특별한 반증이 없는 한 도선의 생각이었다고 보아도 큰 무리는 없을 것이다.

도선의 국토개조론을 국가사업으로 실천화 했던 인물은 왕건이었다. '훈요십조'에 의하면 도선의 마스터플랜에 따라 고려 영토에 사찰을 세워 풍수지리적으로 부족한 부분을 보완하되 그렇게 세워진 절들을 함부로 건들지 말

〈7-3〉 기암괴석 위에 서있는 금강역사. 울퉁불퉁 뾰족뾰족한 바위가 금강역사의 강인한 인상을 강조한다.

〈7-4〉기단부에 새겨진 공양보살 · 금강역사 · 사천왕의 조합은 자유롭고 새로운 경향을 보여준다.

〈7-5〉 사천왕은 자신이 악귀를 밟고 있는 줄도 모르는 듯 무관심한데 악귀는 헐떡거리며 혀를 내밀고 있다. 머리는 지켜보려고 두 팔로 머리를 감싸고 있는 모습이 절박해 보인다.

〈7-6〉 향공양을 하는 보살. 월정사탑 앞의 공양보살상처럼 단독의 상으로 조성되기 전에는 이렇게 기단부에 부조로 새겨져 있다.

것이며, 덧붙여 그것 외에는 함부로 절을 세우지도 말라는 교시가 있었다. 다시 말해 도선의 마스터플랜이 완벽하기 때문에 그에 의한 절을 없애거나 새로 짓는 것은 적합한 곳에 시술된 침을 뽑는 격이요, 돌팔이 의사가 아무데나 침을 놓는 것과 마찬가지로 간주되었다. 왕건은 그만큼 도선을 믿고 그의 계획에 따라 고려의 국토를 개조하려고 했던 것이다.

황당하다고 생각할지도 모른다. 나라 구석구석 몇 군데에 절을 세운다고 국토가 개조된다니 말이다. 하지만 여기에는 몇 가지 숨겨진 뜻이 있다. 도선은 풍수지리의 대가 이전에 선종의 승려였다. 그리고 선종은 통일신라 말기에 호족이 중앙정부에 반기를 드는데 사상적 기반이 되었다. 아울러 왕건 역시 그 범주에 드는 지방호족이었다. 왕건은 불교의 도움을 받아 왕위에 올랐기 때문에 그 고마움을 모르는 것은 아니었지만, 그런 만큼 불교가 얼마나 위험한 사회적 역할도 수행할 수 있는지 실상 누구보다 잘 알고 있었던 터였다. 따라서 도선을 극진히 숭배하고 그의 계획을 추종하는 한편, 더 이상 불교가 국가의 통제에서 벗어나는 것을 허용할 수 없었다. 따라서 도선의 계획에 따라 운영되는 사찰은 확실하게 국가의 통제 아래에 두고 밀어주되, 그 외에는 설립을 허가하지 않았던 것이다.

나아가 또 하나의 숨은 뜻이 있다. 왕건은 무려 천년의 세월 동안 신라의 수도 경주에 집중되어 있었던 정신문화를 개성을 중심으로 한 새로운 구심점으로 옮겨올 필요가 있었다. 고려의 수도는 엄연히 개성이었지만, 삼국의 후예들에게 있어 범치 못할 정신적 지주는 그때까지 경주였던 것이다. 따라서 경주에 집중된 문화적 역량을 서서히 개성으로 옮겨올 필요가 있었고, 그 과정에서 불교문화를 지방으로 분산시킬 필요가 있었다. 전국 곳곳에 자리잡은 도선이 주장한 사찰들은 말하자면 서울에 과포화된 문화를 지방으로 이식하는 중요한 국가사업이었던 것이다.

사찰은 당시로서는 단순한 종교시설이 아니라, 말하자면 문화 인프라였다. 국가가 관리하는 사찰들이 지방에 속속들이 세워지고 정비된다는 것은 시골에도 문화 인프라가 깔린다는 의미였고, 이를 통해 국가의 역할이 광범위하게 확산됨을 의미하는 것이었다. 아울러 이러한 정책이 마치 루즈벨트의 뉴딜정

〈7-7〉약함을 든 약사불로 보이는데, 그렇다면 이 면은 약사불이 머무는 동방유리 광세계, 즉 동쪽을 의미하는 것이었으리라 생각된다.

〈7-8〉사방불 중의 한 부처는 합장을 하고 있다. 전통적인 사방불 도상에는 없는 독특하고 친근한 장면이다.

〈7-9〉약사불로 추정되는 불상의 뒤편에 있으면서 아미타불의 설법인을 변형한 것으로 보이므로 서쪽 극락세계를 의미한 것으로 생각된다.

〈7-10〉언뜻 서있는 것 같지만, 다리가 짧고 하체가 유난히 굵은 것으로 보여 의자에 앉아있는 모습으로 추정된다. 미륵을 상징했을 가능성이 높다.

책처럼 새 왕조 고려의 일자리 창출에도 어느 정도 역할을 했으리라 짐작해본다.

그런데 다시 풍수지리로 돌아와 살펴보면, 도선은 반드시 멋진 풍광 속에만 절을 세우려고 한 것이 아니라, 살기 어려운 곳에도 절을 세워 그곳을 보완하라고 하였으므로, 그 이야기에 따르면 절이 있는 곳이 꼭 좋은 풍광일 수만은 없는 것이다. 오히려 척박하고 거친 곳이어서 절을 세워 보완하려고 했다면, 우리가 그곳에서 느끼는 감정은 마냥 편안하지만은 않을 것이다. 도선이 위대한 이유는 단지 살기 좋은 곳만 찾아다니는 사람이 아니라, 이렇게 적극적으로 자연에 도전하려고 했다는데 있다. 그렇다면 옥룡사나 중흥사는 어떨까.〈7-2〉 그의 풍수지리 사상 가운데 이들 광양의 절터가 의미하는 것은 무엇인가?

아까 언급한 바와 같이 서로 인접해 있는 옥룡사와 중흥사는 자연지리적인 불리함을 극복하고자 노력했던 도선이 인생의 말년을 보내기 위해 택했던 곳이었다. 그렇기에 그곳은 대결과 극복의 의미보다는 그에게 휴식같은 곳이었을 것으로 생각된다. 마치 긴장감 넘치고 운명과 대결하려던 베토벤이 그의 원숙기에 들어서 너무나 평화로운 현악4중주 카바티나 악장을 작곡한 것과 비슷하다고나 할까. 그가 삶을 정리하면서 그곳에서 보았을 희망과 미래를 우리가 읽어내야 하는 것이 아닐까. 혹시 그의 그런 뜻이 탑의 장엄 속에 담겨있지는 않을까.

우선 삼층석탑에 새겨진 도상은 이전의 정형화된 도상과 전혀 다르다. 1층 탑신에 사천왕, 혹은 사방불, 기단부에 팔부중, 더하여 하층기단에 십이지 등의 패턴이 확립되어 있었지만, 여기서는 그런 정형성을 찾아보기 어렵다. 우선 기단부의 면석에는 8구의 존상이 새겨졌지만, 팔부중이 아니다. 그중 두 구는 금강역사로 보이고,〈7-3〉 또 다른 두 구는 무릎을 꿇은 공양보살로 보인다.〈7-6〉 그렇다면 다른 네 구는 악귀를 밟고 있는 것으로 보아 아마도 사천왕으로 생각된다.〈7-4〉 이렇게 자유롭게 한 팀을 이룬 존상들은 그 모습도 자유롭다.

특히 1층 탑신의 사방불은 과거 아촉불 · 아미타불 · 보생불 · 불공성취불 등이 새겨지던 것과는 차이가 있다. 우선 현재 위치에서 정면에는 항마촉지인을 하고 있는 좌상이 새겨져 있는데, 손에 약함 같은 것을 들고 있는 것으로 보인다.〈7-7〉 여기서 시계방향으로 돌아가면서 합장을 하고 있는 불좌상〈7-8〉, 그 옆으로 설법인을 하고 있는 불좌상이 새겨졌다.〈7-9〉 만약 약함을 들고 있는 부처가 약사불이라면 원래 이쪽이 동쪽이고, 바로 옆은 남쪽이어서 합장한 부처, 혹은 지권인을 결한 것으로 보이는 부처는 석가모니나 비로자나불을 상징하는 것 일 수도 있다. 다시 그 옆은 서쪽 아미타불의 설법장면으로 볼 수 있다.

그렇다면 문제는 북쪽으로 생각되는 나머지 한 면의 불상이다.〈7-10〉 이 불상은 결가부좌하지 않고 언뜻 보면 마치 서있는 것처럼 보이는데, 자세히 보면 그 모습이 조금 어정쩡하다. 왜냐하면 사실은 앉은 것도 아니고 서있는 것도 아닌, 의자에 앉은 모습을 표현한 것이기 때문이다. 원래 이렇게 의자에 앉은 부처의 모습 은 인도에서는 절대적 존재로서의 부처, 즉, 역사 속에 실존했던 부처가 아니라 초 월적이고 신적인 의미로 확대된 붓다를 표현하는데 사용된 자세로 추정되고 있다. 그러던 것이 중국에 와서는 우전왕상이라는 의미로 사용되었다.

우전왕상이라는 것은 석가모니께서 돌아가신 어머니에게 설법하 기 위해 도리천에 올라가신 동안 우다야나왕, 즉 우전왕이 석가모니가 그리워서 만들었다고 하는 전단나무로 깎은 불상을 말한다. 이것은 언제부터인지 모르지 만 우리나라에 전해진 뒤로는 대체로 미륵불을 의미하는 도상으로 사용되었다. 대표적인 예로는 삼국시대 신라의 삼화령 미륵삼존석불〈7-12〉과 고려불화 중 세 점의 '미륵하생경변상도'에 의자에 앉은 미륵불이 주인공으로 등장하고 있으 며, 법주사의 의좌형 마애불 역시 법상종이라는 종파에서 중요시 되었던 미륵을 표현한 것으로 추정되고 있다.〈7-13〉 왜 이러한 도상이 제멋대로 초월적 붓다 · 우전왕상 · 미륵의 개념으로 사용되는 것인지 헷갈리기도 하지만, 자세히 들여 다보면 여기에는 공통적으로 흐르는 개념이 하나 있다. 그것은 불법이 끊이지 않고 영원히 이어진다는 개념이다. 초월적 존재의 부처, 비록 석가모니 붓다는 열반에 들어 세상을 떠나셨지만, 그분의 말씀과 법은 세상에 영원히 남아있다 는 것을 상징한다. 우전왕상이란 석가모니가 비록 도리천에 올라가셔서 안 계시 지만, 그분을 대신할 불상을 통해 마치 석가모니가 사라진 것이 아님을 확인받 고 위안을 받고자 만들었던 상이다. 그리고 미륵이란 개념 역시 석가의 입멸 후 에 언젠가는 미륵이라는 모습으로 다른 부처가 찾아옴으로써 세상에는 끊임없 이 붓다가 탄생할 것임을 믿는 신앙이었던 것이다.

따라서 다양한 의미를 지니고 있지만 이 의좌형의 불상은 부처의

〈7-11〉기단부의 사천왕. 이 호리호리하고 민첩하게 생긴 사천왕은 다른 사천왕처럼 근엄하고 당당하게 서있는 것이 아니라, 마치 걸어내려 오는 것 같은 움직임이 포착된다.

영원성을 상징한다는 점에서 동일한 개념을 지니고 있는 것이다. 이렇게 보면 원래의 조형의도는 동서쪽에 각각 약사와 아미타불을 배치하고, 남쪽에는 석가를, 북쪽에는 미륵을 배치하여 석가에서 미륵으로 이어지는 계승관계를 표현하고 있다고 볼 수 있다.

왜 북쪽이 미륵을 상징하는 방위가 되었을까. 중국의 석굴사원에서 확인되는 바에 의하면 북쪽에는 주로 석가모니의 열반장면이 그려지거나 조각되는 경우가 많았다. 북쪽은 끝이요, 죽음을 상징하는 공간이었다. 그런데 중흥사탑에서는 이 죽음의 공간이 희망의 공간으로 바뀌어 있는 것이다.

〈7-12〉 경주 남산 삼화령 삼존석불 중 불존불
신라시대부터 의좌상은 우리나라에서 미륵불의 의미로 사용되었던 것으로 보인다.

진전사탑에서와 같은 밀교적 사방불과는 다른 이 중흥사탑 스타일의 사방불은 무엇이라 불러야할까. 풍수지리적 사방불? 비보적 사방불? 모르긴 몰라도 도선은 이 사방불에서 죽음의 공간을 희망의 공간으로 돌려놓았던 것처럼, 새로운 미래를 꿈꾸고 있었던 것 같다. 왕건 같은 인물이 나타나 도탄에 빠진 통일신라 말기의 백성들을 구제해주기를 바랐던 것 같다. 어쩌면 비보사상도, 그를 통한 국토개조의 개념도 모두 미륵을 맞이하기 위한 도선의 준비과정이었을 것이다.

그랬기에 엄격한 규칙에서 벗어나 금강역사와 사천왕과 공양보살이 한 층위에 어울려 존재할 수 있는 것이 아닐까. 특히 무릎을 꿇고 향로를 받치고 있는 공양보살은 평창 월정사탑이나 강릉 신복사탑 앞에서 향공양하고 있는 보살상을 연상케 하여 흥미롭다. 남쪽 석가모니 아래에는 금강역사, 북쪽 미륵불 아래에는 향로공양. 이 배치는 고행의 삶을 살다간 역사적 존재로서의 석가모니와 희망의 메시지로서의 미륵을 상징하는 권속으로서도 잘 어울린다. 이

렇게 과거와 미래가 조율을 이루는 것을 통해 도선이 보이고자 했던 것은 어쩌
면 중흥사탑이 새로운 시대를 수신하기 위한 안테나라는 사실이 아니었을까.

〈7-13〉 법주사 마애여래의좌상
고려시대에도 계승된 이러한 의좌형 미륵의 이미지는 원래 부처의 가르침이 끊이지 않고 영원히 이어질 것임을 상징하는 것이었다.

통일신라판 3D
컴퓨터그래픽으로
구현된 붓다

구례 화엄사 사사자 삼층석탑

통일신라판 3D 컴퓨터 그래픽으로 구현된 붓다

구례 화엄사 사사자 삼층석탑

화엄사 사사자석탑은 우리나라의 대표적인 이형석탑 중 하나이다. 불국사의 다보탑은 이형석탑이면서도 유일한 형식이라면 사사자석탑은 독특한 형식임에도 몇몇 절에서 공통적으로 보여서 그 전파과정을 살펴볼 수 있다는 점에서 차이가 있다.〈8-1〉 이형석탑과 반대되는 개념은 정형석탑인데 불국사 석가탑이 그 대표적인 예이다.

화엄사 각황전 옆으로 난 108계단을 따라 올라가다보면 '효대'라고 불리는 넓고 평탄한 곳이 나오고 여기에 탑이 세워져 있다. 보통 불당 앞에 탑이 놓이는 것과 비교해 이렇게 불당 뒤편 산등성이에 홀로 배치된 것이 마치 이 탑은 보통의 탑이 아니라는 것을 알리려는 듯 하다.〈8-2〉

우선 화엄사 사사자석탑은 이형석탑이지만, 네 마리의 사자가 있는 층을 제외하고 본다면 정형석탑과 다를 바 없다. 3개의 층으로 되어 있고, 기단부에는 주악비천이 새겨진 평범한 탑이다. 단지 기단부와 탑신 사이에 네 마리의 사자가 들어가 있고, 그 사이에 하나의 입상이 들어가 있다는 점이 차이점이다. 그 외에 특이점은 탑 앞에 무릎을 꿇은 공양승이 배치되어 있다는 점이다. 탑 앞에 공양보살이 배치된 경우는 월정사탑이나 신복사지탑에서 확인되지만, 이렇게 승려가 탑 앞에 배치된 것은 특이하다.

이 독특한 탑이 무엇을 상징하는지에 대해 많은 의견이 있어왔다. 대표적인 사례는 탑 앞의 승려를 화엄사의 창건주인 연기조사로 보고, 탑 안의 네 마리 사자에게 둘러쌓인 인물을 연기조사의 어머니로 보는 것이다. 〈화엄사 사적〉에 의하면 화엄사는 백제 성왕 22년544에 인도에서 온 연기조사가 세운 절이라고 전하는데, 그때 연기법사는 자신의 어머니인 비구니 스님을 등에 업은 채 연鳶이라는 거북이처럼 생긴 전설의 바다 동물을 타고 인도에서 백제로 건너 왔다고 한다. 그가 건너올 당시 화엄사가 자리한 지역의 이름은 황둔골이라 했는데, 이 황둔골 사람들은 연기조사의 설법을 듣고 불교에 귀의했으며, 특히 연

〈8-1〉 흔히 다보탑과 더불어 이형석탑이라고 하지만, 가만히 보면 석가탑 같은 정형석탑에 많은 이야기가 덧붙여졌을 뿐이다.

〈8-2〉 화엄사 전경. 사진 중심의 거대한 각황전 뒤 산기슭을 따라 시선을 옮겨보면 사사자석탑의 꼭대기가 고개를 빠끔히 내밀고 있다.

기조사가 어머니께 효성을 다하는 것에 감복하여 절을 세우니 이것이 화엄사의 시작이라는 것이다. '화엄'이라고 이름을 붙인 것으로 보아 연기조사는 화엄계의 승려였던 것으로 추정되는데, 실제로 〈화엄경요결〉 12권(혹은 6권), 〈화엄경진류환원락도〉 1권, 〈화엄경개종결의〉 30권 등을 저술했다고 하는 것이 근거로서 회자되고 있다. 그러나 이것이 사실인지는 의문이 많다. 중국에서는 7세기에 들어와서야 비로소 화엄학이 본격적으로 발전하기 시작했고, 화엄경이 부분적으로는 인도에서도 분명히 존재했지만, 동아시아와 같이 하나의 경전으로 편집된 것은 중앙아시아 호탄 지역으로 추정되기 때문에, 인도에서 온 승려가 500년대 중반에 저렇게 중국적 냄새가 물씬 풍기는 제목의 저술을 남겼다는 것은 다소 의아스럽다. 하지만, 책 제목이 와전된 것일 수도 있고, 또 실제로는 인도가 아니라 동남아시아 지역에서 온 승려일 수도 있으므로, 그의 화엄적 성격을 무조건 무시할 수는 없을 것이다. 만약 그 사실이 맞다면 우리나라에 본격적으로 화엄학을 유행시킨 의상이나 원효에 비해 무려 백 수십년 이상 빠른 시대에 백제에 화엄학이 전래된 것이다.

여하간 연기조사가 극진히 어머니인 비구니 스님을 모신 것은 출가하여 가족을 버리는 일반적인 승려의 이야기에 비해 매우 인간적이고 또 유교적인 이야기다. 아마 연기조사는 어머니로서가 아니라, 자신을 출가시킨 스승으로서 어머니를 극진히 모셨는지도 모른다. 여하간 이 사실은 두고두고 회자되었다. 신라의 통일을 즈음하여 백제인들의 민심을 수습하기 위해 화엄사를 방문한 자장율사는 이 지역사람들의 민담을 적극 활용하여 연기조사를 추앙하는 이 사사자탑을 세우고, 자신이 중국에서 가져온 귀한 진신사리를 이 탑 안에 안치하였다고 한다. 마치 통도사 계단이나 황룡사탑에 안치한 것처럼 말이다. 그래서 이 설화에 따라 사사자석탑을 연기조사와 그의 어머니로 보고, 자장이 봉안한 진신사리가 이 탑 안에 안치되어 있으며, 이 탑이 서있는 장소를 연기조사의 효성을 기려 '효대'라고 부른다는 것이다. 여기서 연기조사는 어머니께 차를 공양하는 모습으로 해석되었고, 손에 든 것은 찻잔으로 풀이되었다.

그러나 대부분의 미술사학자들은 이제는 이 설화를 그다지 신뢰하지 않는다. 왜냐하면 네 마리의 사자에 둘러쌓인 인물이 비구니스님이라고 하기에는 어색한 부분이 많기 때문이다.〈8-3〉 특히 머리 부분에 육계나 나발이 없어서 단순히 민머리로 해석하고 있지만, 이것이 승려의 형상인지 다소 불확실하다. 탑 안에 맞춰 넣기 위해 정수리 부분이 납작하게 만들어져 있기 때문에 쉽게 승려형의 머리모양이라고 하기 어렵다는 것이다. 손에는 연꽃봉오리 같은 것을 가지런히 들고 있다. 마치 법화경에 나오는 염화미소를 상징하는 것처럼도 보인다. 틀림없이 비구니 스님이 아니라 이 인물은 부처일 것이다.

이와 비슷한 탑이 충북 제천의 사자빈신사지〈8-4, 8-5〉에 세워져 있는데, 여기에는 사자에 둘러쌓인 인물이 지장보살처럼 두건을 쓴 것 같으면서 손은 지권인을 하고 있다. 절의 이름 '사자빈신'은 〈화엄경〉 '입법계품'에 나오는 '사자빈신비구니의 삼매'에서 따온 것이고, 따라서 사자빈신사지의 탑도 바로 사자빈신삼매의 경지를 표현한 것이라고 해석되기도 한다. 그러므로 화엄사 사사자석탑의 경우도 사자빈신삼매를 표현한 것이라는 해석이 있었다. 분명히 일리가 있는 해석이지만, 화엄사 사사자석탑 내부에 있는 존상과 사자빈신사지 사사자석탑 내부의 존상이 다른 도상임에도 이 둘을 모두 사자빈신삼매를 표현한

〈8-3〉 탑 아래의 상은 연기조사의 어머니라고도 하지만, 탑이 기본적으로 붓다를 상징하는 것을 감안하면 불상으로 보아야하지 않을까.

것으로 볼 수 있을지, 또 사자빈신삼매를 표현했다고 해서 탑 안의 인물을 사자 빈신비구니로 보아야 하는지 등은 더 고민해 보아야 할 문제가 아닌가 한다.

　　　　필자는 평소 이 탑을 보면서 탑 안의 인물은 비구니가 아니라 부처라는 생각을 가지고 있었다. 일단 탑이라는 것은 부처의 상징인데, 비구니가 그 안에 들어가 있게끔 표현한 것은 개연성이 부족하다. '입법계품'을 읽어도 왜 이런 특이한 형태로 표현해야 했는지, 정말로 사자빈신비구니를 사자에 둘러쌓여 탑을 이고 있는 형태로 나타낼 수 있는 것인지 설명하기가 어렵다. 따라서 조금 다른 해석을 시도해보고자 한다.

　　　　우선, 화엄사 사사자석탑은 사자에 둘러쌓인 인물, 즉 부처가 탑을 이고 있는 것이 아니다. 원래 이 탑은 정형석탑처럼 기단부 바로 위에 탑이 올라가 있는 형태에서 시작한다.〈8-6〉 그런데 그 앞에 있던 인물이, 그가 연기조사이든, 자장이든 상관없이 그가 누구든 간에 탑을 보면서 열렬히 붓다를 친견하기를 원했다.〈8-7〉 여기서는 찻잔으로 해석되고 있지만, 원래는 향로였을 것이라는 새로운 해석도 설득력 있게 제시된 바 있다. 이것은 월정사 탑 앞의 향공양상과도 상통하는 것인데, 사실상 향공양은 단순히 향을 태우는 것이 아니라, 원래는 자신의 한 팔을 태워 부처님께 공양하는 극단의 헌신을 의미하는 것이었다. 이러한 열렬한 의지가 탑 안의 붓다를 감동시킨 것이다. 그래서 탑이 공중으로 솟아오른다.〈8-8〉 그리고 그 안에 있던 부처가 광채를 뿜어내며 드디어 모습을 드러내는 것이다. 만약 할 수만 있었다면 이 탑의 설계자는 삼층석탑을 공중에 떠있는 모습으로 표현하고 싶었을 것이다. 거의 가운데 부처의 머리 위에 삼층석탑을 이고 있는 형태로 만들고 싶었겠지만, 그러기에는 구조적으로 취약하기 때문에 할 수 없이 사자 네 마리를 배치하여 마치 탑을 이 네 마리 사자가 들어올리는 것처럼 표현한 것이다. 지금처럼 동영상으로 모든 것이 쉽게 전달되고, 거기다 요즘엔 휴대전화까지도 3D가 가능해진 시대에 이런 구닥다리 시뮬레이션 아트는 제대로 이해될 리 없겠지만, 당시로서는 탑이 공중으로 솟아오르고 광채가 뿜어져 나오는 장면을 묘사할 수 있는 방법은 이 방법 밖에 없었다. 부처의 머리 끝과 탑의 바닥면을 굳이 띄워둔 것도 탑을 이고 있는 것이 아니라, 탑이 공중에 솟아있음을 암시하고자 한 의도로 생각된다.

〈8-4〉 제천 사자빈신사지 사사자석탑
사사자 석탑과 같은 석탑을 만든 사찰이나 종파는 어떤 공통점이 있었던 것일까?

〈8-5〉 8-4의 세부. 두건을 쓴 지장보살의 모습이면서도 손은 비로자나불의 지권인을 하고 있다.

사실상 불교의례에서 붓다를 친견한다는 것은 매우 중요한 개념이었다. 어떻게 보면 붓다를 친견한다는 것은 사람의 착각이거나 환상에 불과하다고 치부할 수도 있다. 그렇기 때문에 붓다를 떠올리는 것은 아무렇게나 하는 것이 아니라 엄격한 절차와 방법이 있었고, 붓다를 본다고 해도 그것이 환상인지 정말로 법다운 붓다를 만난 것인지 확인하는 절차도 있었다. 그러면 왜 그렇게 붓다를 보려고 했던 것일까. 부처의 친견, 즉 관불을 주제로 하고 있는 〈불설관불삼매해경〉 등에서는 이렇게 비유를 들고 있다. 관불은 마치 한 사내가 기방에 갔다가 마음에 드는 기녀를 사모하게 되었는데, 집에 돌아와서도 그 기녀가 머릿속에서 맴도는 것과 같다는 것이다. 열렬히 기녀를 생각하면 생각할수록 머릿속에 기녀는 선명하게 떠오르고, 나중에는 꿈에서까지 나타나는 것이다. 상상 속에서나마, 그리고 꿈속에서나마 기녀는 생각하는 사람에게 행복을 준다. 이 기녀를 붓다로 치환해보자. 어떤 사람이 열렬히 붓다를 보고자 하면 붓다가 나타난다. 그것이 상상 속에서든 꿈속에서든 나타나 마치 상상 속의 기녀가 우리

〈8-6〉 공중으로 떠오르고, 그 안에서 광채가 나오는 장면을 통일신라시대의 장인은 어떻게 표현할 수 있었을까?

〈8-7〉 탑은 그냥 떠오른 것이 아니라, 이렇게 열렬히 붓다를 보고자 염원했던 승려가 있기 때문이었다.

〈8-8〉 보조적인 개념으로서 사자가 받치고는 있지만, 원래의 의미는 탑이 공중으로 떠오른 것을 상징한 것이 아닐까 생각된다.

〈8-9〉 붓다의 출현, 현현을 환영하는 비천들의 음악공양. 탑은 더 이상 장례의 압축된 표현이 아니라, 부처의 모습을 품고 있는 타임캡슐이다.

에게 달콤한 말을 속삭이는 것처럼 부처도 우리에게 무엇인가 말을 건넨다. 자, 한번 생각해보자. 상상 속에서 기녀가 건네는 말이나 부처가 상상 속에서 건네는 말은 실제는 누구의 말일까. 그것은 바로 자신의 마음 깊은 곳에서 우러 나오는 말이 아닐까. 결국 관불이란 붓다를 매개로 해서 자연스럽게 자신의 내면에서 나오는 소리에 귀 기울이라는 뜻이 아니겠는가. 따지고 보면 석가모니가 언제 우리에게 남의 말에 귀 기울이라 한 적이 있었던가? 스스로 묻고 스스로 답하는 가운데 답을 찾으라는 것이 바로 붓다의 가르침이 아니었던가? 붓다는 내 마음에 있다는 그 흔한 가르침을 되새겨보면 결국 마음 속에 있는 부처가 하는 말이 바로 관불 가운데 부처가 한 말이 아니겠는가.

사실상 수행에 있어 관불은 전적으로 마음 속에 떠오르는 부처의 모습이었지만, 점차 그러한 경지에 쉽게 오르기 위해 불상이라는 매개체를 활용한 것이다. 막연히 붓다의 모습을 떠올리는 것보다 불상을 관찰하고 스스로 떠올려야할 모습이 어떤 모습인지 분명하게 인식하고 있다면 더 쉽게 마음 속에 붓다를 떠올릴 수 있기 때문이다. 나아가 불상이 관불을 돕는 의미를 지니는데

〈8-10〉 간다라의 불탑에 점차 거대한 불상이 부착되는 것도 관불수행을 돕기 위한 의도로 볼 수 있다.

만 국한된 것은 아니었다. 두 번째로 공양을 받을 대상으로서의 의미도 중요하다. 흔히 말하는 대로 불교미술은 불교의 교리를 사람들에게 전달하는 목적이 있다고 하는데, 그러한 의미도 어느 정도 내포되어 있기는 하

다. 그러나 분명히 가장 중요한 첫 번째 의미는 관불이요, 두 번째는 공양이다. 공양 중에 최고의 공양은 부처에게 직접 공양을 드리는 것인데, 석가모니가 열반에 들어 사람들이 석가모니에게 직접 공양을 드릴 수 없게 되자, 붓다가 남아 있는 사람들을 위해 불상을 만들어 그 상에 공양하면 붓다 자신에게 공양하는 것과 같은 효과를 지니게 된다고 하셨기 때문이다.

불상에 부여된 관불의 의미나 공양의 의미는 사실 부처님이 직접 하신 이야기는 아닌 것 같다. 하지만 붓다의 상을 만들어 사람들이 숭배하게 되는데 있어 매우 중요한 역할을 했음은 틀림없는 것 같다. 인도에서는 이렇게 상이 만들어지기 전까지는 탑이 예불의 중심이었다. 그리고 탑 주변에 돌아가며 붓다의 일대기, 혹은 붓다의 전생 이야기를 새겨넣음으로써 교훈을 주는 정도에 그쳤을 것이다. 하지만 점차 관불수행이 보편화되면서 탑 주변에 새겨지는 불전이나 전생 장면은 점차 단독의 불상들이 열지어 배치되는 것으로 대체되었던 것이 아닌가 생각된다. 파키스탄의 간다라 시대 사원지 중 하나인 조울리안이나 모흐란 모라두 사원지에 가보면 탑 주변에 거대한 불상들이 부착되어 있는 것을 확인할 수 있다.〈8-10〉

개념은 다르지만 화엄사 사사자석탑은 단순히 불국토 세계를 설명하는 수준의 표현에서 발전하여 관불의 모습, 아니 관불이 현현되는 장면을 직접적으로 묘사한 것이다. 그런 의미에서 더 직접적이고 감각적인 표현이다.

〈8-11〉 탑에 달린 문도 그 안에 부처가 있음을 암시하는 것이지만, 사사자석탑은 보다 직접적으로 붓다를 드러낸 것이다.

암시적으로 붓다를 드러내어 관불을 돕는 것이 아니라 마치 실제 관불이 일어난 것처럼 표현하고 있다는 점에서 다소 노골적이라고 할 수도 있겠다. 그리고 그렇게 모습을 드러낸 부처는 우리에게 연꽃 한송이를 주려는 듯 두 손으로 고이 받들고 있다. 마치 성공적인 관불에 대한 수료증이라도 되는 것 같다.

　　　　초층탑신〈8-11〉에는 네 면에 문이 새겨져 있는데, 과거에는 이렇게 문을 통해 마치 부처가 밖으로 나올 것 같은 암시를 주는 것에 그쳤던 것이다. 화엄사탑에서는 정면인 동쪽에 범천·제석천, 남북쪽에 사천왕, 서쪽에 금

〈8-12〉 장고를 두드리고 있는 비천상. 소리를 형상화한 듯 율동감있는 모습을 순간적으로 잘 포착했다.

〈8-13〉 연꽃을 공양하는 비천상. 맛있는 딸기파이를 공양하는 모습이라고 생각해도 그리 잘 못 된 생각은 아니다.

강역사가 새겨졌다. 기록에는 자장율사가 연기조사를 위해 탑을 세웠다고 되어 있으나, 양식적으로 보면 삼국시대로까지 올라가는 것 같지는 않다. 또 한 가지 특이한 점은 여기의 사천왕들은 무기를 들고 있지 않다는 것이다. 보탑을 든상을 북방다문천을 보았을 때, 이 상을 기준으로 각각 어느 방위의 사천왕인지 확인할 수 있는데, 특히 남쪽에 해당되는 증장천은 오른손에 두루마리 문서처럼 보이는 지물을 들고있다. 잘 보이지 않지만 이런 경우 왼손에 붓을 들었을 가능성도 있다. 이렇게 문서를 든 사천왕 도상은 일본에서는 많이 보이지만 우리나라에서는 흔하지 않아서 이들 도상계보에 대한 더 깊이 있는 연구가 필요하다.

　　　탑의 기단부에는 아름다운 기악천들이 한 면에 세 구씩 도합 12구가 묘사되었다. 다양한 악기를 들고 있거나 연꽃을 들고 있는 모습인데 마치 탑속에서 막 모습을 드러낸 붓다를 환영하는 연주를 하고 있는 것처럼 보인다. 장식적인 것 같지만, 등장인물들의 매우 사실적이고 생동감 넘치는 표현을 통해 마치 음악소리가 들리는 듯 하다.〈8-12, 8-13〉

　　　결론적으로 말하자면 이렇다. 이 탑은 통일신라시대 장인들이 보여줄 수 있었던 최고의 3D 영화다. 탑을 들어올려 부처의 모습을 입체적으로 드러내는가 하면, 기단부에서는 스테레오 사운드, 아니 돌비 시스템으로 풍악을 울리고 있다. 이 모든 것이 사실적인 조각기법에서 기인한 것이다. 늘 명심하자. 아득한 오래전의 장인들이라 할지라도, 그들은 늘 움직이는 역동적인 장면을 묘사하고 싶어했다. 지금 우리가 더 생생한 화면을 요구하는 것처럼 말이다. 비록 그들은 지금의 우리들처럼 훌륭한 컴퓨터 그래픽 장비를 가지고 있지는 않았지만 나름대로는 그런 움직임을 묘사하는 법을 고안해 낸 것이다. 그런 시각으로 보면 화엄사의 사사자석탑은 단순히 사자가 받치고 서있는 탑이 아니다. 지금 막 탑이 열리며 부처가 모습을 드러내고 있는 아주 극적인 순간인 것이다. 이렇게 당시 사람들이 의도했던 움직임을 찾아보려고 관찰하다보면 작품이 지니는 아름다움을 저절로 느끼게 될 것이다. 어쩌면 이런 통일신라판 컴퓨터 그래픽에 동원된 네 마리의 사자에서 사자빈신의 모습을 발견한 누군가가 이것을 사자빈신사지 석탑의 기본컨셉으로 차용해 갔던 것은 아니었을까.

석탑이로되 돌은
간 곳이 없구나

남원 실상사 백장암 삼층석탑

석탑이로되 돌은 간 곳이 없구나

남원 실상사 백장암 삼층석탑

미술에 있어서 질료質料 즉 material의 문제는 늘상 화두와 같은 것이다. 특히 현대미술에 있어서 질료와 표현의 역설적인 조합은 더더욱 두드러진다. 그런데 이러한 개념은 우리가 생각하는 것보다 훨씬 오래전에 기원한 것이다. 아마 실상사 백장암 석탑에서 돌의 질료성을 체험할 수 있으리라.

실상사는 신라 흥덕왕 3년828에 홍척국사洪陟國師가 개창한 최초의 선종가람이다. 창건 당시에는 지실사知實寺로 불렸지만, 선종이 점차 구산선문으로 정립됨에 따라 그 산문의 개산조를 분명하게 하기 위해 홍척국사의 존칭인 '실상선정국사實相禪庭國師'에서 '실상'을 따와서 고려 초 무렵부터 실상사實相寺로 부르게 되었다. 구산선문이란 이 실상사를 중심으로 한 실상산문 외에 가지산·사굴산·동리산·성주산·사자산·봉림산의 7문과 고려시대에 개창한 수미산문 및 희양산문을 지칭한다. 앞서 진선사탑을 설명할 때 선종에 대해서는 장황하게 설명했으므로 여기서는 생략하고, 도의의 가지산파에 이어 홍척국사의 실상산파에 대해 살펴보고자 한다

최치원의 유명한 사산비문 중 하나인 봉암사 지증대사 적조탑비에는 "북산北山에는 도의道義요 남악南岳에서는 홍척"이라고 하여 설악산 진전사를 근거지로 활동한 도의와 지리산 실상사를 근거지로 활동한 홍척을 말하자면 우리나라 선종의 쌍두마차로 칭송하고 있다. 홍척은 중국 당나라로 건너가 6조 혜능의 남종선에 속하는 마조도일馬祖道一의 제자 서당지장西堂智藏으로부터 가르침을 받았는데, 진전사의 도의선사 역시 서당지장의 제자였으므로, 이 둘은 사실은 동창인 셈이다. 돌아온 뒤에는 많은 제자를 길러 내었는데, 그중에서 제

〈9-1〉 뭔가 되다만 듯 한 느낌을 주는 것은 기단부가 땅에 묻혀있기 때문이다. 비례도 독특하다.

〈9-2〉 시종을 거느린 사천왕이 표현된 경우는 우리나라에서 드문 사례이다.

〈9-3〉 다문천이 밟고 있는 악귀. 어떻게든 덜 아프게 밟혀보려는 악귀의 노력이 역력히 드러난다.

일은 수철화상이었고, 그 외에 제42대왕인 흥덕대왕, 선강태자 등을 문하에 두었다고 하니 그 교세를 짐작하고도 남음이 있다. 또한 선종이 지방 호족들과 결탁했던 것과 달리 중앙 왕실의 후원을 받았다는 것이 특이하다.

　　　　원래 실상사는 지금의 백장암 자리에 있었지만, 대중이 늘어남에 따라 제자 수철화상이 지금의 실상사 자리로 터를 옮겼다. 따라서 백장암 자리야말로 바로 실상산문의 탄생지인 셈이다. 그래서인지 터를 떠나서도 내버려두지 않고 현재 각각 국보와 보물로 지정되어 있는 삼층석탑과 석등을 조성했던 것이다. 그중에 석탑을 자세히 살펴보자.

　　　　이 탑은 왠지 불탑처럼 보이지 않고 승탑처럼 보인다. 최소한 필

⟨9-4⟩ 이 천왕의 뒤에 서있는 시종은 마치 어쩔 줄 몰라 당황한 듯이 표현되어 있는 것이 재미있다. 꼭 돈키호테와 산초판자 처럼 코비를 이루는 것 같다.

〈9-5〉 칼집으로 얼굴을 누르고 있으니 악귀는 아예 죽은 척 하고 있다. 시종은 전형적인 뿔달린 도깨비의 모습을 보여주고 있어서 흥미롭다.

〈9-6〉 사천왕과 함께 제석천이 표현된 것으로 보이는데, 그렇다면 오방신상 개념을 나타낸 것이다.

자는 무의식 중에 이 탑을 탑으로 보려고 하지 않았다. 이 탑의 기단부가 너무 낮아서⟨9-1⟩ 일반적으로 높은 기단위에 놓인 불탑과 같은 위용이 느껴지지 않던 것이다. 높이는 5m 가량으로 그리 낮은 편은 아니지만, 기단부가 거의 없다시피 하니 왠지 왜소해보여서 탑 같지가 않다. 그러나 더더욱 탑으로 볼 수 없게 만드는 이유는 부처의 사리를 모신 무덤과 같은 엄숙함이 느껴져야 할 탑에서 너무 화려한 장식성을 보게 되기 때문이었다.

하지만 이것이 승탑이라면 주변에 탑비 같은 것이 있어야 함에도 그런 것이 발견되지 않는 것으로 보아 특별히 불탑이 아니라는 꼬투리를 잡을 수 없다. 그리고 언뜻 보기에 기단이 낮고 전체적인 장식이 화려하기는 하지만 석가탑과 같은 신라의 전형적인 삼층석탑 구도를 가지고 있다. 그러니 차분하게 불탑임을 인정하고 접근을 시도해보도록 하겠다. 이 탑에 있어서 느껴지는 첫 번째 특징은 비례가 기존의 탑들하고 다르다는 것이다. 1층에서 3층으로 갈수록 좁아지는 체감비율이 있기는 하지만 매우 적다. 1층 탑신의 높이는 아주 높고, 2층과 3층은 낮은 편이긴 하지만, 2층과 3층 탑신 서로의 높이는 거의 같아서 위로 올라갈수록 높이가 줄어드는 일반적인 탑의 비례하고는 다르다. 한마디로 탑의 비례로서 안정적이라거나 우아하다거나 하는 형용사를 붙이기는 좀 부족하다는 것이다. 만약 현재의 기단부 아래에 또 다른 기단부가 있었다면 지금처럼 껑충한 느낌과는 좀 다르게 길고 늘씬한 느낌이 들었을지도 모른다. 그런데 발굴결과, 높지는 않지만 현재의 지대석보다 넓은 범위에 걸쳐 땅 속에 묻힌 기단부가 발견되었다. 각 면에 돌아가며 악귀를 깔고 앉은 8구의 신상이 새겨져 있는데, 앞서 보아온 팔부중의 도상하고는 많이 다르지만, 아마도 팔부중을 묘사한 것이 아닌가 추정만 되고 있다. 하지만 이렇게 추가적인 기단이 있었다고 해도 높은 형태의 단은 아니었기 때문에 높이비례에는 영향을 주지 않았을 것 같으므로, 탑이 주는 전체의 비례감에 큰 변화는 없었을 것 같다.

가장 높은 1층 탑신에는 각 면에 돌아가며 사천왕이 새겨져 있다. 여기 사천왕의 가장 큰 특징은 사천왕이 각각의 시종을 거느리고 있다는 것 ⟨9-2⟩이다. 예를 들어 북쪽에 위치한 탑을 든 북방 다문천은 악령을 밟고 서있는데, 보통 악령의 등을 밟고 서있는 것에 비해 이 다문천이 밟고 있는 악령은

〈9-7〉 팬플룻의 일종인 봉소와 장고를 연주하는 천인. 이 탑은 탑이라 하기엔 너무나 장식적인 것이 특징이다.

가슴을 위로 하고 누워있어서〈9-3〉 가슴팍과 정강이 부분을 밟고 있다. 아마 고생 좀 할 것이다. 통증이 심한 악귀는 힘껏 두 손으로 다문천의 발을 들어 치워보려고 하지만 다문천은 꿈쩍도 하지 않는다. 우스개 소리이지만, 다문천의 시종도 언뜻 보면 다문천이 밟고 있는 악귀랑 별로 달라 보이지 않는다. 이 녀석은 마치 자신의 동료가 까불다가 다문천에게 무참히 짓밟히자 지레 겁먹고 백기를 들어 항복하고 있는 것 같다.

　　　　1층의 정면은 다른 면과 차이가 있는데, 문이 새겨져 있고 그 양옆으로는 사천왕 1구와 또 다른 신상이 지키고 서있다.〈9-6〉 일반적으로 금강역사나 범천·제석천이 입구를 지키는 것과 다르다. 사천왕을 이끄는 것은 보통 제석천이므로, 이 다른 하나의 신상은 제석천으로 보인다. 이렇게 제석천과 사천왕이 함께 하는 도상은 '오방신상'이라고 하는데 비록 12세기의 작품이긴 하지만 〈인왕경오방만다라도권〉에 등장하는 도상구조와 유사하고, 특히 백장암

〈9-8〉 비파와 피리를 불고 있는 천인. 목조건축의 난간을 정교하게 묘사하여 정말 누각에 올라 연주하고 있는 것 같다.

〈9-9〉 꽃과 향을 공양하는 천인들. 자신들이 가지고 있는 것이 마치 별것은 아니라는 듯 부끄러워하며 내어놓고 있다.

〈9-10〉 마치 하늘에서 내려오는 붓다를 꽃송이를 던져 맞이하는 듯한 비천. 돌 표면에 새겨진 것이란 생각보다는 빈 공간 속에 실제 존재하는 인물처럼 느껴진다.

〈9-11〉 화려하고 입체적인 난간과 대조적으로 단순하게 묘사된 여백은 더욱 빈 공간처럼 보이며 돌이라는 사실을 잠시 잊게 한다.

탑 사천왕처럼 권속을 거느린 사천왕은 역시 12세기에 일본에서 편찬된 〈별존잡기〉에 등장하고 있다. 비록 이들 경전들은 일본에 전하는 것이고 연대도 내려오는 것이지만, 대부분 당나라에서 전래된 오래된 도상집에 근거한 내용을 편집한 것이어서 백장암 탑 도상연구에 많은 참고가 되고 있다.

　　　　이제 2층으로 올라가 보자. 2층에 있는 존상은 모두 상반신만 표현되었는데, 다양한 악기를 연주하는 주악천〈9-7, 9-8, 9-9〉이다. 1층 옥개석과 2층 탑신 사이에는 난간이 돌려져 있는데, 목조건축의 난간을 충실히 재현하여 마치 창가에 나와 연주하는 아리따운 여인들을 아래에서 올려다보는 느낌이 든다. 3층도 역시 비슷한데, 폭이 조금 좁아서 그런지 1구씩만 표현되었고, 구체적으로 무엇을 하는지는 언뜻 알 수 없다.〈9-10〉 제 각각 손에 무엇인가를 들고 허공을 바라보고 있는 모습이다. 이 천인들이 무엇을 하고 있는 것인지는 3층 옥개석 바닥 부분에 돌아가면서 새겨진 삼존불상을 보면 그제야 부처님들을 환영하고 있음을 알게 된다.〈9-11〉

　　　　혹자는 이 탑을 해석하면서 지하에 묻혀있는 팔부중으로부터 시작하여 위로 올라갈 수록 지거천, 공거천, 그리고 불세계를 표현한 것으로 보기도 하였다. 충분히 수긍이 가는 설명이다. 나아가 필자는 덧붙여 이 탑에 나타나는 독특한 표현방식에 대해 설명을 해보고 싶다. 우선, 이 탑에서는 돌의 질감이 눈에 들어오지 않는다는 점이다. 1층의 경우는 이전에 보아왔듯이 그저 돌의 표면에 사천왕을 새겼다는 느낌이 드는 것이 아니라, 세밀하게 표현된 목조건축 부재와 고부조의 천왕상 표현 덕분에 실제 건물 앞, 기와 지붕 아래에 사천왕과 권속이 서성거리고 있다는 느낌을 받게 된다. 2층과 3층도 돌 표면에 천인상이 새겨진 것이 아니라, 돌은 사라지고 실제 비어있는 누각 안에 주악천인이 들어가 있는 것처럼 보인다. 이 역시 정교한 난간과 기둥, 그리고 창방이 만들어내는 마치 무대 세트 같은 화면구도에 원인이 있을 것이다. 그렇다, 마치 한편의 인형극을 보는 것 같다.

　　　　여기서 옥개석의 삼존불은 주인공처럼 가장 좋은 탑신석의 넓직한 공간에 조각된 것이 아니라 옥개석 아랫면에 궁색하게 끼어들어가 있는 것처럼 보여 무시당할 수도 있다. 그러나 비록 옥개석에 묘사되긴 했지만, 만약 할

〈9-12〉 단순히 지붕 아래에 붙어있는 장식물이 아니다. 하늘에서 내려오는 삼존불상의 모습을 의미하는 것이다.

〈9-13〉 단지 돌을 빈 공간으로 만드는 것 뿐만 아니라 이렇게 나무라는 재료로 탈바꿈시키기도 한다. 완연한 목조건축이다.

수만 있었다면 조각가는 공중에 붕 떠있는 삼존불을 묘사하고 싶었으리라. 왜냐하면 삼존불은 지금 이 탑에 속한 것이 아니라, 누각에서 울려퍼지는 음악 소리를 들으며 저 먼 우주, 타방세계로부터 구름으로 타고 모여들고 있는 장면이기 때문이다.〈9-12〉 그래서 눈에 보이는 범위 내에서 가장 높은 위치에 있는 옥개석 아랫면에 새겨진 것이고, 또 원근감을 고려하여 마치 저 높은 하늘에서 내려오는 것처럼 보이게 하기 위해 아주 작게 묘사한 것일 뿐이다.

　　　이제 탑은 더 이상 무덤이 아니다. 탑은 네모난 돌덩어리의 축적된 형태가 아니라 그야말로 나무로 된 누각건축으로 변해버린 것이다. 그리고 화려한 향연이 펼쳐지고 있는 가운데 구름을 타고 부처님들이 다가오고 있는 환희의 순간이 되어버린 것이다. 그러니 아무리 보아도 탑이라는 느낌이 들지 않을 수밖에 없지 않겠는가. 어쩌면 탑의 비례가 어정쩡하게 보이는 것도 트릭이다. 더 이상 그런 비례는 존재하지 않는다. 이 탑은 빈 공간이기 때문이다. 체감률이 적용된 석탑은 안정감과 질서와 같은 느낌을 주는 것이지만, 여기서의 탑이 만들어내는 빈 공간은 마치 훨훨 하늘로 날아오를 것 같은 동적인 느낌이 강하다.

　　　이 탑에 새겨진 도상들은 밀교적 도상으로 해석되고 있다. 앞서 진전사탑에서도 선종조사들이 밀교 도상을 도입했던 배경을 잠시나마 설명한 바 있다. 그러나 단순한 도상이 아니라 이렇게 물질성을 뛰어넘는 절묘한 표현 기법은 그야말로 선문답의 시각화라고 할 수 있다. 마치 해리포터가 호그와트로 가는 기차를 타기 위해서 킹스크로스역의 9¾ 플랫폼 맨벽으로 돌진하면서 들어가는 것처럼 이 탑 안으로도 그냥 밀고 들어가면 그 안으로 들어갈 수 있을 것만 같다. 있는 것 같기도 하고 없는 것 같기도 하고, 돌 같기도 하고 나무 같기도 한 이중성 가운데 무엇을 보느냐는 마음먹기에 달려있는 것이다. 현대미술로 말한다면 공간과 물질에 대한 실험이라고 불러도 무방하지 않을까.

　　　아, 그러고 보니 이 절터가 원래의 실상사 자리가 아니었던가? 실상이란 무엇인가? 흔히 우리에게 있어서 실상實相은 눈에 보이는 것, 만질 수 있는 실상實像인 것이다. 그러나 불교의 실상은 그런 개념이 아니었다. 그것은 고대 그리스 철학자들이 제기한 이데아의 개념과도 같은 것이었다. 실재하는 실상은 영원한 것이 없다. 그 어떤 것도 닳고 변하여 사라진다. 그래서 그런 것들은 실재한다고 여겨지지 않았다. 그들이 실재한다고 생각했던 것은 오로지 영원한 것 뿐이었다. 연필이 아니라 연필의 이데아, 인간이 아니라 인간의 이데아가 정말로 실재하는 것이었다. 상相은 단순한 보고 만지는 상像을 뛰어넘어 우리가 이름지을 수 있는 모든 것이다. 예를 들어 '세상'을 보라. 무엇이 세상의 실제인가. 분명히 우리는 세상 속에 살면서 많은 것을 보고 만지고 있지만, 그것들이 곧 세상은 아니다. 세상은 분명히 존재하면서도 훨씬 추상적인 존재이다. 그런 것이 상相이다. 백장암 탑은 공간과 돌, 나무라는 물질성을 오가면서 실상實像을 뛰어넘어 실상實相을 생각하게 한다.⟨9-13⟩

　　　한편으로 선종조사들은 불상마저 장작으로 쪼개서 썼다고 하는데, 그래서일까, 진전사탑 등에 보이는 사방불을 표현하는 대신, 전반적으로는 천왕과 천인을 묘사하고 불상은 옥개석 바닥에 숨겨놓듯 모신 것을 보면 보다 더 선종의 가르침에 충실한 센스가 돋보인다.

　　　여기서 문득 ⟨장자 외편⟩ "지락至樂"의 '고분지통叩盆之痛'이 떠오

〈9-14〉 이런 정교한 난간 장식의 묘사는 결국 이 탑이 수많은 천왕과 비천들이 마음껏 활동할 수 있는 무대의 역할을 했음을 암시적으로 보여준다.

른다. 장자의 아내가 죽어 혜자가 조문을 갔더니 장자가 화분을 두드리며 노래를 부르고 있었다는 고사 말이다. 부인이 죽었는데 너무하는 것 아니냐고 혜자가 나무라자 장자가 말하길 "원래 삶이란 없었고, 형체도 없었으며, 그 안의 기운도 없는 것이었다. 그러다 기운이 변화하여 형체가 되었고, 형체가 다시 변하여 삶이 있게 된 것이다. 또한 그러한 변화는 사시사철의 변화처럼 반복되는 것이고 아내도 그 과정에 있는 것뿐임을 알게 되었다. 그러니 아내는 그저 하늘과 땅이라는 거대한 방안에 머물러 있으니 오히려 새로운 변화가 잘 일어날 수 있도록 기를 북돋워 주어야 하지 않겠는가. 그래서 노래를 하는 것이다"라고 했다는 것이다. 이 탑은 마치 아내가 죽었을 때의 장자의 마음처럼, 부처가 열반에 들었을 때 우리의 마음가짐이 어떠해야 함을 보여주는 것 같다. 이를 통해 사리와 열반이라는 엄숙한 공간에서 이런 향연이 벌어질 수 있는 깨달음의 원리를 보여주고자 한 것이 아니겠는가.

그러고 보니 백장암 탑에서의 향연은 예사의 향연 같지가 않다. 1층의 사천왕은 향연의 밝은 분위기와는 거리가 멀다. 문비가 조각된 것으로 보아 사리는 1층에 모셔져 있는가 보다. 사천왕은 애써 감정을 절제하며 —어쩌면 악귀들에게 분풀이를 하며— 사리를 지키고 있다. 제석천은 꼭 문상객을 맞이하는 상주처럼 보인다. 1층은 무겁고 슬프다. 2층은 장자의 '고분지통'처럼 음악의 향연이 벌어지고 있지만, 단순한 향연이 아니라 슬픔을 승화시키는 음악이다. 1층 보다는 더 고차원적으로 석가의 열반을 받아들이고 있다. 3층은 새로운 붓다를 맞이하는 희망의 층이다. 이들이 기다리는 부처들은 비록 역사적 실존인물로서의 석가모니는 아니지만, 초월적 존재로서의 부처로 다시금 태어난 여러 부처들로서 실상은 석가모니의 화신일 수 있는 존재들이다. 이를 통해 열반을 바라보는 다양한 시각이 이 공간에 압축되어 있음을 알게 된다. 돌로서 빈 공간을 만들어낸 그 역설을 되새겨볼 필요가 있다.

해학적
팔부중으로의 진화

예천 개심사지 오층석탑

해학적 팔부중으로의 진화

예천 개심사지 오층석탑

한국적 미로서 자주 언급되는 해학미·골계미 등은 흔히 조선시대 후기로 들어오면서 형성된 것처럼 느껴지기도 하지만, 사실은 시대를 초월하여 면면히 우리 미술 속에 흘러왔다. 귀족시대로 불리는 고려시대의 미술에서도 예외는 아니다. 그 예로서 개심사지 오층석탑이 있다. 이 사지는 경북 예천군 예천읍의 한 경작지 가운데에 자리하고 있는데, 현재는 탑만 홀로 서있다.〈10-1〉 그러나 탑으로서는 매우 드물게 상대갑석 아랫면 및 상대석 면석 동쪽 면에 탑의 조성 연대를 포함한 명문이 새겨져 있다. 한국금석문 종합영상정보시스템 사이트에서 제공하는 번역문에 조금 덧보태어 인용하면 다음과 같다.

상대갑석 명문	상대중석 명문
상원(上元) 갑자(甲子) 47년되는 통화(統和) 27년 경술년(庚戌年: 1010, 현종1) 2월 1일에 개심사에 정골(正骨)하여, 3월 3일 광군(光軍) 46대(隊), 수레[車] 18대, 소 1000과 10간(間)을 투입하고, 승려·속인·선랑(僧俗娘) 모두 1만명이 참여했다. 미륵향도(弥肋香徒)에서는 상평(上秤)에 신렴장(神廉長), 장사(長司)에 정순(正順), 행전(行典)에 복선(福宣)·김유(金由)·공달(工達)·효순(孝順), 위강(位剛)에 향덕(香德)·정암(貞嵒) 등 36명, 치향도(椎香徒)에서는 상평(上秤)에 경성(京成), 선랑(仙郎)에 광습(光叶)·금습(金叶), 아지(阿志), 대사(大舍)에 향식(香式)·김애(金哀)·위봉(位奉)·양촌(楊寸)·능렴(能廉) 등 40인, 대정(隊正)·방우(邦祐), 기두(其豆)·흔경(昕京), 위강(位剛)에 첨평(儼平)·의전(矣典)·차의(次衣) 등 50명.	동량(棟梁)은 호장(戶長) 배용교위(陪戎校尉) 임장(林長), 최우(崔祐), 모주(母主) 부동량(副棟梁)은 ▨▨·방우(邦祐)이다. 사방으로 널리 몸과 마음을 위하여[四弘爲身心] 위로 부처님의 은혜에 보답하기 위하여[上報之佛恩] 국가를 위하고 공덕을 바르게 하기 위하여[爲國正功德] 일체의 만물에 퍼지게 하기 위하여[普及於一切] 신해년(辛亥年: 1011, 현종 2년) 4월 8일에 세웠다.

〈10-1〉 승려와 신도 1만명이 참여하여 만든 탑이다. 강력한 지도자가 아니라 이렇게 티끌을 모아 태산을 이루었다는 점에서 매력있다.

〈10-2〉 고려 현종1년인 1010년 2월에 개심사에 모셔진 사리를 위해 3월 3일부터 공사를 시작하여 석가탄신일인 4월 8일에 탑을 완성하였다는 기록 및 참여한 사람들의 이름이 새겨져 있다.

〈10-3〉1층 기단에는 십이지, 2층 기단에는 팔부중이 새겨져 있다.

　　이를 통해 우선 개심사지 석탑의 조성배경을 알 수 있다. 탑의 조
성 연대는 현종 2년인 1011년이다. 4월 8일에 세웠다는 것은 석가탄신일을 기
념하기 위해 날짜를 맞춘 것을 의미한다. '통화'라는 연호는 거란의 연호여서 정
치적으로는 송나라 보다 거란의 영향이 더 컸던 시절임을 짐작할 수 있다. 명
문 맨 앞의 '상원 갑자'는 통화 27년 경술년으로부터 47년 전으로 거슬러 올라
가보면 964년 갑자년이 되는데, 이 시기는 고려 광종 연간이다. 963년은 광종
이 원래 사용하던 후주後周의 연호를 폐지하고 준풍峻豊이라는 고려 독자의 연
호를 사용하다가 송나라와 외교를 개시하면서 다시금 송의 연호를 사용하게 되
었던 바로 그 해이다. 이 탑을 세운 사람은 왜 이 시점을 기준으로 날짜를 셈하

〈10-4〉 기존의 팔부중과는 전혀 다른 조형감각을 보여주는 양식이다. 해학미의 기원이 더 오래전으로 거슬러 올라감을 알수있다.

〈10-5〉 닭 잡아가듯이 악귀를 한손에 덜렁덜렁 들고 가는 팔부중. 곰곰이 생각해보면 상당히 무서운 장면임에도 만화처럼 재밌다.

〈10-6〉 전립 형태의 모자를 쓴 팔부중은 새로운 형식이다. 이 팔부중은 바람주머니처럼 생긴 것을 들고 있다.

〈10-7〉 아울러 칼을 칼집에 넣어 어깨에 메고 있는 상은 실제 경호원을 보는 듯한 인상을 준다.

고 싶었던 것일까. 어쩐지 거란의 연호를 맨 앞에 쓰기 싫어 구태여 더 먼 날짜로부터 셈하고 있다는 느낌이 든다. 여하간 여기서 '상원'은 앞선 시대의 연호를 의미하는 것 같다. 그리고 나서 결국은 거란의 연호를 재차 표기한 것은 눈치를 보는 것인지 아니면 정확성을 기하기 위한 것인지 알 수 없다. 2월 1일 '정골개심사'의 부분도 해석이 어렵다. 정골이란 뼈를 맞추거나 척추를 바로잡는 것인데, 여기서는 골, 즉 사리를 개심사에 가져온 것을 의미하는 것이 아닐까 생각된다. 지금으로 말하면 'arrange' 정도의 개념이랄까. 그래서 그 사리를 위해 탑을 세우기로 계획을 세운 것이다. 그래서 3월 3일에 대대적인 물량과 인적자원을 동원하여 탑을 세우기 위한 공사에 들어간 것으로 보인다. 그리고 완성은 여하간 앞서 지적했다시피 석가탄신일에 맞춘 것 같다.

투입된 공력을 보면 어머어마하다. 물자와 병력을 관에서 대고 승과 속인 1만명도 노력동원에 참여했다. 물론 승·속인이 모두 직접 돌을 깎고 나르는 일을 했다는 의미는 아닐 것이다. 일반인들이 이렇게 구름같이 몰려든다고 탑이 완성되는 것은 아닐테니 말이다. 아마도 금전적인 시주를 했다는 의미로 보아야 하지 않을까. '광군 46대'에서 '대'는 어떤 부대 단위일 수도 있겠다. 광군은 거란의 침입에 대비하여 정종 2년947에 조직한 전국규모의 군사조직이었다. 원래는 호족의 사병이었던 것을 국가적 차원에서 통합 운영하게 된 것이다. 그러다가 개심사탑이 세워지던 무렵부터 이 명문에서 보이다시피 점차 지방 단위의 군대로 개편되었던 것으로 추정된다. 1대가 얼마만큼의 병력인지 모르지만, 여하간 1대를 현재의 최소 편제인 분대규모라고 하더라도 46대면 대략 400~450명 가량이니 상당한 병력임을 짐작할 수 있다. 이렇게 엄청난 사람들의 노동력과 시주와 물자를 동원하여 거의 한 달만에 탑이 세워진 것이다. 분명 이 지방의 대대적인 행사였음을 짐작할 수 있다.

이 탑의 축조과정에서 주목할 점은 중앙 정부 차원에서 세워진 탑이 아니라 지방 자치적으로 세워진 탑이라는 것이다. 그 주도는 미륵향도와 같은 지방 신앙결사가 참여하였고, 실질적인 공사책임은 호장, 즉 향리의 장이 했는데 그는 배융교위라는 광군의 장교직책도 겸임하고 있었다. 말 그대로 민·관·군 합동작전인 셈이다. 이러한 상황이 고려사회에 있어서 일반적인 것이었

〈10-8〉 아수라는 아무리 도상과 양식이 변화해도 누구나 쉽게 알아볼 수 있는 표식이 되는 존재였다.

〈10-9〉 보름달 같이 둥근 얼굴로, 그것도 정면으로 서서 빤히 관람자를 바라보는 이 무장은 사람을 경계하기는 커녕 오히려 끌어들이는 힘을 지녔다.

해학적 팔부중으로의 진화 - 예천 개심사지 오층석탑

는지 아닌지는 확실하지 않다. 이 경우가 특별한 경우라서 탑에 명문으로 새겨둔 것일지도 모르기 때문이다. 하지만 이런 시스템이 있었다는 것은 이 귀중한 자료를 통해 분명하게 알 수 있고 아마 결코 희귀한 사례는 아니었을 것이다.

다소 장황하게 설명했지만 작품을 해석하는데 있어 글로 남겨진 자료는 매우 중요하다. 글이 진실만을 말하지는 않지만, 그것을 진실로 받아들일 것인가 아니면 거짓으로 받아들일까 하는 것도 일단 글을 분석한 다음에 할 일이다. 이 글을 통해 몇 가지 참고할 사실이 있었다. 우선 이 탑이 세워지던 시기를 거란의 연호로 표현하면서도 예전 연호를 함께 기술한다는 것은 거란과는 친하고 싶지 않은 기록자의 성향을 대변한다고 볼 수 있다. 그리고 고려 왕실이나 중앙에서 파견된 관리가 관여한 것이 아니라 순수하게 지방 단위의 불사였다는 것이다. 고려는 거란과 송 사이에서 소위 양다리 외교를 통해 평화를 유지하고 있었는데, 연호 문제를 통해서도 그러한 고려 외교의 한 단면이 드러난다. 한편 고려문화를 항상 귀족문화라는 틀에서 해석해왔던 것에 비하면 이 탑은 전혀 귀족적이지 않은 사람들의 염원을 담아서 만들어졌다. 그래서일까, 이 탑에서는 그러한 조성배경이 그대로 투영된 느낌이 든다.

이 탑은 그리 큰 탑은 아니지만, 신라 정형석탑의 형식을 계승하고 있다. 전체 오층 탑신의 체감비는 기단부가 탑신부에 비해 조금 큰 감이 있지만, 전반적으로는 신라시대 5층탑의 규범을 따르고 있는 듯하다. 기단부에서 1층 탑신에 이르기까지 다양한 신상을 새겼는데, 1층 기단에는 12지신을, 2층 기단에는 팔부중을 새겼다.〈10-3〉 그리고 탑신에는 문비 좌우로 금강봉을 든 금강역사가 마주보며 조각되어 있다. 이러한 규범은 화천동 삼층석탑 등에서도 유사하게 보이고 있다. 하지만 그 표현 양식은 전혀 다르다. 존상들은 매우 평면적으로 조각되었지만, 마치 무엇엔가 놀란 것처럼 눈을 크게 뜬 인상을 보면 무슨 무당 굿판에 온 듯 하다.

2층 기단 면석 명문이 새겨진 곳에 위치한 날개달린 투구를 쓴 신중은 마치 닭 잡아 가는 사람마냥 악귀를 아무렇지도 않게 한 손에 들고 있는 모습이 인상적이다.〈10-4〉 붙잡힌 악귀도 어지간히 놀랐는지 휘둥그렇게 뜬 눈이 금방이라도 튀어나올 것만 같다.〈10-5〉 그 옆에는 원래는 용을 표현하려고

〈10-10〉 빵빵하게 부풀어 오른 볼과 튀어나올 듯이 놀란 눈은 무서운 팔부중이라기보다는 당혹스럽게 하는 팔부중이다.

했던 것 같은데 보기에는 그냥 평범한 뱀처럼 보이는 동물을 목에 감고 있는 신중이 서있다. 이 뱀 역시 그 날카로운 이빨로 물어봤자 꿈적도 하지 않을 것 같은 이 무식하고 멀뚱하게 생긴 신중에게 상당히 당혹스러움을 느끼고 있음이 역력하다.

머리에 쓴 투구에도 변화가 있는데, 이렇게 날개달린 듯한 투구는 통일신라시대의 팔부중상에서도 보아왔던 것이지만, 그 외에 마치 조선시대에 무장들이 쓰던 챙이 넓은 중절모처럼 생긴 전립戰笠을 쓰고 있다는 것〈10-6, 10-7〉이 주목된다. 실제 이 당시부터 고려시대의 무장들이 이런 모자를 착용했는지는 모르겠으나, 여하간 이런 유형의 모자가 고려시대부터 등장하고 있음을 알 수 있다. 중국에서는 팔부중을 비롯한 신중상에서 이런 유형의 모자를 찾아보기 어렵다는 점에서 혹 고려에서 등장한 새로운 팔부중의 모자일지도 모르겠다.

팔부중의 지물은 대부분 칼로서 땅에 집고 있거나 어깨에 메고 있거나 한 손으로 손잡이를 잡고 뽑아든 모습이다. 그 외에 특이한 지물은 병 같기도 하고 푸대자루인 것 같기도 한 것인데 그 안에 담긴 무엇인가를 어디에 따르려는 듯이 들고 있는 신중이 있다.〈10-6〉 자루 같다고 한 것은 바람의 신을 표현한 도상 중에 바람이 담긴 주머니를 풀어 바람을 일으키는 모습이 마치 여기 이 팔부중과 비슷한 것이 있기 때문이다. 어쩌면 이 팔부중은 바람이 무기인지도 모르겠다. 아울러 칼을 칼집에 넣어 어깨에 메고 있는 상은 실제 경호원을 보는 듯한 인상을 준다.〈10-7〉 아수라는 여기서도 분명히 구분되게끔 세 쌍의 팔에 금강저와 같은 지물을 들고 있다.〈10-8〉 여하간 누가 먼저 터지나 경쟁이라도 하듯이 팔부중들은 저마다 얼굴은 빵빵하게 부풀어서 둥글고〈10-9〉 눈은 누구에게 겁을 주기보다는 자기네들이 먼저 놀란 것처럼 휘둥그렇게 뜨고 있다는 점에서 공통적이다.〈10-10〉

12지신은 모두 결가부좌하고 합장하고 있는데, 얼굴을 보면 마치 캐리커처를 그리듯이 간략하면서도 그 특징을 잘 잡아내고 있다. 미소를 머금은 듯한 동물들의 표정은 마치 다른 곳으로 쫓겨가지 않고 지금의 그 자리에 머물러 있는 것만으로도 감사드리며 안도의 한숨이라도 내쉬고 있는 것 같다. 그들이 앉아있는 자리는 네모나거나 둥글거나 꽃모양이거나 하여 다양하게 변화를

〈10-11〉 십이지상은 원원사지 석탑 이래의 전통을 대체로 계승하고 있지만, 표정은 더 생동감있게 변화했다.

〈10-12〉 경복궁 월대의 십이지상에서 보이는 것과 같은 해학적 전통은 이미 고려시대의 이 개심사지 석탑에까지 올라감을 알 수 있다.

주고 있다.〈10-11, 10-12〉

　　　　통일신라의 사실적이고 단정한 모습은 어디가고 마치 조선시대에 나올 법한 해학적인 도상이 등장하게 되었던 것일까. 사실 이런 모습이 흔히 우리가 말하는 한국적인 미에 더 가깝다고 할 수 있다. 전혀 위협적이지 않고 오히려 친근감이 드는 양식. 그리고 다소 자유분방한 자세와 표정들… 어쩌면 이런 표현은 조선시대에 들어와서 갑자기 나타났던 것이 아니라, 상당히 오랫동안 우리의 시각문화 속에 내재되어 있었다. 또한 이런 표현은 '민화적'이라고도 할 수 있겠는데, '민화적'이란 것은 흔히 오해되듯이 단순히 낮은 계급의 미술이 아니라, 어쩌면 송과 거란, 나중에는 여진과 몽고의 틈바구니 속에서 민족적 주체성을 찾아가던 고려의 문화가 창출해낸 건강한 자주적 표현양식이었다.

　　　　이것을 보면 고려문화를 단순히 귀족문화라고 천편일률적으로 규정할 수 없다는 것을 알게 된다. 비록 예천은 수도 개경으로부터 멀리 떨어진 곳이었고, 발원자도 왕실 귀족이 아니기 때문에 귀족문화가 아님은 당연하다고 볼 수 있겠지만, 늘 고려청자와 고려불화의 화려함에 익숙해 있던 우리에게 이런 해학적이고 민화적인 표현은 고려 사회 역시 다양한 미술양식이 공존했었음을 보여준다. 같은 현종 연간의 탑으로서 잘 알려진 것은 수도 개경에 세워진 현화사 7층석탑이다. 큰 규모나 화려한 장식성, 정교한 부조 조각 등 여러 측면에서 지방의 개심사탑과 비교되는데, 아마 이것이 왕실의 귀족문화였을 것이다.

　　　그러나 개심사탑은 단순한 지방 스타일에 머물러만 있는 것이 아니다. 통일신라 때에도 경주의 왕실 발원 불사와 지방 불사는 차이가 있었다. 때로 차이가 없다면 경주에 못지않은 조각 기량을 가진 조각가를 데려다가 작업을 했던 것이고, 수준에서 차이가 난다면 그것은 경주 스타일을 모방하려고 했지만 지방색이 가미된 스타일이었던 것이다. 그런데 고려시대의 지방사회는 달랐다. 개경 스타일과 다르지만, 단지 흉내 내려다가 달라진 것이 아니라 아예 독자의 길을 걷고 있는 것이다. 어쩌면 그것은 중앙의 힘이 지방을 완전히 통제하지 못했기 때문으로 단순하게 평가절하 될 수도 있겠다. 현종 이후 고려의 역사를 한번 돌이켜 보자. 이어지는 거란의 침입과 더 이후에는 몽골의 침입에 있어서도 고려는 쉽게 와해되지 않고 정부는 정부대로, 지방은 지방대로 강한 결속력을 보이며 위기를 잘 극복했다. 그것은 개심사탑에서 보이는 것처럼 지방마다 독특한 민·관·군 통합 시스템이 존재했고, 자치적으로 활발하게 그들만의 문화를 만들어내었으며, 또한 강대국의 틈바구니 속에서 주체성을 지키려는 강한 민족적 자긍심이 구석구석 스며들어 있었기 때문이었다.

　　　이미 앞서 중흥사지 삼층석탑에서 언급한 바와 같이 도선국사에 의한 국토개조론은 지방의 발전을 가져왔고, 그것은 예기치 않게 점점 국가총력전화 되어가는 국제적인 전쟁에서 고려가 강대국들을 상대로 고려라는 국체를 지켜나가는데 밑거름이 되었다. 어쩌면 개심사탑은 고려에 닥쳤던, 그리고 닥쳐올 위기를 극복해낼 수 있었던 고려인들이 뚝심과 배짱을 단적으로 보여주는 하나의 사례로 보아도 좋지 않을까 한다.

고승이 가시니
산문이 열렸네

◎

승탑장엄의 세계

연주는
신라필하모닉,
지휘는
마에스트로 범일국사

|

강릉 굴산사지 승탑

연주는 신라필하모닉,
지휘는 마에스트로 범일국사

강릉 굴산사지 승탑

　　　　미술작품이란 눈으로만 감상하는 것이 아니다. 작가의 의도 자체에도 청각의 시각화는 늘상 내재되어 있다. 고대의 예술가들이라고 해서 예외는 아니다. 굴산사지 승탑은 이름과 달리 굴산사지와는 조금 떨어져있다. 왜 이렇게 떨어져있는가 생각이 들지만 답은 간단하다. 그건 굴산사가 너무 컸기 때문이다. 지금은 황량하게 변해버렸지만, 사찰이 운영되고 있었을 때에는 황룡사만큼이나 큰 사찰이었다.

　　　　지금의 강릉은 통일신라시대에는 '하슬라'라고 불리던 곳이다. 그런데 이곳이 역사의 중요한 무대가 된 것은 김주원이라는 신라 왕족 때문이었다. 선덕왕이 후사 없이 재위 6년785만에 죽자, 대신들은 태종무열왕계의 김주원을 계승자로 추대했다. 그런데 즉위식을 위해 궁성으로 향하던 김주원이 갑자기 내린 비로 알천이 불어 건너지 못하게 되는 돌발상황이 발생했다. 그러는 사이 내물왕계의 상대등인 김경신이 잽싸게 왕위에 올라 원성왕이 되었다. 김주원은 즉시 지방으로 몸을 피해 숨었는데 그 곳이 바로 그의 외가가 있던 하슬라였다. 사실 좀 이해하기 어려운 일이다. 이러한 사료들은 자세한 내용을 기록하고 있지 않아서 내막은 알 수 없지만, 겨우 냇물이 불어 즉위식에 오지 못하는 사이에 왕이 바뀔 수 있다니 다소 황당한 일이 아닐 수 없다. 『삼국사기』를 보면 아마도 왕족 서열에서는 김주원이 원성왕 김경신 보다 손위이기 때문에 그 순서에 따라 김주원을 왕위계승자로 추대하기는 했지만, 사실상 당시 신라의 실세는 김경신이었다. 그는 이미 김지정의 난을 평정했고, 혜공왕을 제거한 뒤 선덕왕 김양상을 즉위시키는데 있어 실질적인 배후였던 것으로 보아 매우 술수가 뛰어나고 정치적인 야심이 크며, 냉철하고 결단력 있는 인물이었던 것 같다. 그가 왕위에 오르는데 있어 마지막 장애물이 아마도 김주원이 아니었을까. 그러나 때마침 내린 급작스런 폭우는 그로 하여금 김주원을 군이 제거하지 않고도 왕위에 오를 수 있는 빌미를 주었다. 그 비는 하늘의 뜻이라는 것이다. 원성왕이 즉위하는 동안 애초에 김주원을 추대하기로 했던 대신들은 어떻게 되었을까. 『삼국사기』에 특별히 피흘린 이야기가 없는 것으로 보아, 이것은 무혈혁명이었던 것 같다. 아울러 그간 원성왕이 해왔던 일들로 보아 충분히 왕위를 계승할 만하다고 생각했으며, 또한 그에게 대항했던 사람들이 어떤 운명을 겪었는지 잘 알고 있었으리라.

하지만 김주원의 입장에서는 결코 용납할 수 없는 역모였다. 그가 어떤 사람이었는지는 정확히 알 수 없지만, 이 사건 이후 그의 행적을 보면 결코 그는 원성왕의 들러리로만 볼 수 있는 사람은 아니었다. 원성왕도 어떻게 할 수 없을 만큼 큰 세력을 하슬라를 중심으로 구축해나가기 시작한 것이다. 단지 이름뿐인 서열 1위였다면 그렇게까지 하지는 못했을 것이다.

이후에는 어떻게 되었을까. 역사에서 흔히 볼 수 있는 이후의 사건진행은 이렇다. 김주원은 이를 부득부득 갈고, 원성왕은 도둑이 제발 저려서 어떻게든 일전을 준비할 수 밖에 없다. 양쪽 모두 군사를 일으킬 계기는 너무나도 분명히 갖추어져 있었다. 최후의 일전에서 하나는 패하고, 하나는 승리하는 드라마로 막을 내려야 한다. 그런데 사실상 그 이후의 사건은 더 의외로 진행이 되었다. 김주원이 하슬라로 피신한 후 2년 뒤에 원성왕은 김주원을 하슬라 지역을 다스리는 명주군왕에 봉한 것이다. 최소한 김주원은 다소 억울한 감정은 있었겠지만, 이 자리에 만족했다. 원성왕도 그 자리에 만족하는 김주원의 뒷통수를 치지 않았다. 이 둘이 싸우지 않는 동안, 우리는 수많은 사극에서 보아왔던 국력의 낭비, 젊은 군인들의 소모적인 피흘림을 보지 않아도 되었다. 두 사내 모두 상당히 쿨했던 것 같다. 둘의 세력이 엇비슷해서 어느 한쪽도 움직일 수 없는 상황이었기에 당연한 결과라고 볼 수도 있지 않겠느냐고 할 수도 있겠다. 하지만 실제 역사에서는 그럼에도 끝까지 자신의 자리를 되찾기 위해, 또는 그 자리를 지키기 위해 결국은 군사를 일으켜 많은 피를 흘린 사례를 너무도 많이 보아오지 않았던가. 이렇게나마 평화가 유지되었다는 것은 모르긴 몰라도 우리나라 정치사에서 상당히 모범적인 갈등해소 사례로 높이 평가되어야 하지 않을까. 김주원이 다스리던 하슬라는 명주국이라고 불릴 정도로 자치권을 인정받은 지역으로 성장했다.

　　　그러나 아쉽게도 그 평화는 오래가지 못했다. 그것은 이들 두 사내 사후에 김주원의 둘째 아들 김헌창이 반란을 일으켰기 때문이다. 김헌창은 김주원의 아들이지만 공식적으로 관직도 받았고, 나름 경주에서 시중의 자리도 역임했으니 상황은 화해무드로 보인다. 하지만 끝내 김헌창은 아버지의 복수를 핑계로 반란을 일으켰다. 하지만, 좀 수상쩍다. 그는 첫째 아들도 아니고, 또 반란을 일으킨 곳도 아버지의 터전인 명주가 아니라 충청도 지역이었다. 그 반란의 규모가 상당히 컸던 것으로 보아 이 사내도 따르는 무리가 꽤 많았던 것 같긴 한데, 거기에 이 명주 지역이 얼마나 깊이 관여했는지는 분명치 않다. 그것은 불분명하다기 보다는 김헌창의 난이 사실은 김주원 직계로부터는 외면당했기 때문은 아니었을까. 김헌창의 일족은 반란이 실패한 뒤 대규모로 숙청당했고, 그나마 살아남은 아들 김범문이 또 다시 반란을 일으켰다 실패했지만, 명주 지역의 김주원 후예들은 존속해서 살아남았다. 비록 이 일로 중앙정부와 관계가 소원해졌다고는 하지만, 그런 역모를 일으킨 반역자의 친척임에도 소원해진 것으로 끝났다는 것은 사실상 명주 지역은 이 반란에 참가하지 않았던 것으로 보아야하지 않을까.

　　　굴산사를 개창한 범일을 이해하는데 있어 이 사건은 중요하다. 범일은 바로 김주원의 조카 쯤 되었던 것으로 추정된다. 그의 할아버지, 혹은 아버지는 김술원인데, 김주원과 모종의 관계가 있는 듯 하다. 범일이 명주에서 태어난 것이 810년이므로, 김헌창의 난이 충청도에서 일어났을 무렵에는 10대 초반의 소년이었다. 어쩌면 그가 15세에 출가한 것이 김헌창의 난이 실패한 것과 어떤 연관이 있는지도 모르겠다. 그것만이 숙청을 피하는 길이었을 수도 있기 때문이다. 하지만 그의 설화 어디에서도 그런 긴박한 상황은 찾아보기 어렵다. 다만, 그가 아비없이 동정녀의 몸에서 태어났다는 설화만이 그의 어릴 적 콤플렉스를 반영하고 있다. 이 설화는 마치 예수가 동정녀의 몸에서 난 것이나, 하백의

〈11-1〉언뜻 삿갓을 쓴 승려의 초탈한 뒷모습을 보는 듯한 느낌이 드는 굴산사지 승탑에서는 불탑과는 다른
새로운 이야기가 읽혀진다.

딸 유화부인이 햇볕을 받아 주몽을 잉태한 것처럼 탄생설화의 전형을 말하는 듯하지만, 개인사적으로 보면 범일은 아비없는 아이로 놀림을 받았다고 했다. 그의 아비는 어디서 무엇을 하고 있었을까. 김헌창의 난으로 몸을 숨겨야만 했던 것일까. 아니면 그때 숙청당했을까. 여하간 출가한 덕분인지 그는 아비 없는 자식이라는 놀림 외에는 큰 탈 없이 잘 자라 20세 무렵에는 경주에 가서 비구계를 받는 등, 활동에 큰 제약을 받지 않았다. 사촌일지, 삼촌일지, 아니면 그보다 먼 친족일지 모르는 김헌창은 더 이상 그에게 그림자를 지우지는 않았다. 특히 그가 당나라로 유학을 떠나면서 신라에서의 복잡한 정치적 상황은 더 먼 이야기가 되었다.

　　그는 당나라에 가서 남종선계의 홍주종을 창시한 마조 도일의 제자 염관 제안에게서 배웠다. 마조 도일은 완전히 중국적인 선종을 확립한 선사로 잘 알려져 있다. 특히 그의 가르침은 "즉심시불卽心是佛, 도불용수道不用修, 평상심시도平常心是道"로 요약될 수 있는데, 그것은 "마음이 곧 부처이니, 도를 닦을 필요도 없으며, 평상시의 마음이 곧 도일 뿐이다"라는 뜻이다. 범일 역시 제안으로부터 받은 첫 가르침이 '불이니 보살이니 하는 구분부터 없애라'는 것이었다고 한다. 마조 도일의 가르침은 선종사에서 보면 당시로서는 다소 아웃사이더였으며, 그가 활동했던 지역도 장안이나 낙양이 아닌 소외된 지방이었다. 보통 범일을 포함한 통일신라 말기의 선종 운동을 구산선문이라 부르고, 이것이 중앙왕실보다는 지방 호족의 지지를 얻으며 결국에는 통일신라 붕괴의 사상적 기반이 되었다고 한다. 도일과 같은 선사들의 이러한 활동배경을 보고 구산선문의 선사들이 찾아가서 배워온 것인지, 아니면 그들에게 배웠기 때문에 그런 성향을 지니게 되었는지는 보다 깊이 있는 연구가 필요하지 않을까 생각된다.

　　여하간 도일이든 제안이든 범일이든, 그들은 당시로서는 메이저가 아닌 마이너들이었다. 좀 더 심하게 말하자면 정규 엘리트 코스에서 보자면 떨어질 무리인 것이다. 'F학점의 천재들'이라고나 할까. 이들은 그들 스스로가 소외된 떨거지들이라서, 다른 떨거지들을 잘 이해했다. 그래서 어렵고 난해한 말이 아닌, 보다 쉬운 말로 그 소외된 자들을 보듬을 줄 알았다. 바로 민심을 얻은 것이다. 원효가 '나무아미타불'만 외면 극락에 간다고 설파한 것이나, 법화경

〈11-2〉 승탑에는 세계관과 우주관이 담겨있는 듯하다. 가장 아래 금수의 세계로부터 카오스와 코스모스를 거쳐 점차 관념적인 세계로 승화되어 상승하는 불교적 세계관이다.

을 몸에 지니고만 다녀도 그 공덕으로 성불할 것이라고 가르친 것이나 모두 깨달음을 거저먹으려는 도둑놈 심보로 보인다. 하지만, 그것은 어차피 이것저것 따지는 식자들을 위한 설법이 아니었다. 아무런 지식도 가지지 않은 보통 사람들을 향해 던진 말이었다. 도일이 주장한 평상심이란 어쩌면 불상 앞에서만, 절에 가야만, 절하고 기도할 수 있다고 믿는 사람들에게 이 세상이 전부 절집인데 그런 구분이 어디 있느냐는 질타이다. 말하자면 삶 자체가 공부인데 좋은 대학은 가서 뭐하느냐는 것처럼 당시로서는 혁명적인 외침이었을 것이다. 좋은 대학 나온 사람이 이런 주장을 하겠는가? 떨거지들이니까 이런 얘기하는 것 아니겠는가. 하지만 빌 게이츠나 스티브 잡스가 이렇게 주장하면 얘기가 달라진다. 그들은 분명 기존의 권위 속에 속했던 사람들이었지만, 스스로 그것을 박차고 나온 사람들이었다. 그러기에 그들의 주장은 떨거지의 변명으로 들리지 않았던 것이다.

이런 가르침에 대해 약간은 사회적 아웃사이더 취급을 받았던 범일이기에 더욱 많은 공감을 얻었을 것이다. 그리고 김헌창과 같은 무모한 무력도발이 아닌, 정신세계의 혁명을 꿈꾸었을 것이다. 그런 그를 더 빨리 신라로 귀국시킨 것은 다름 아닌 무종법란, 즉, 회창폐불이었다. 중국에서 불교가 금지되고 탄압을 받았던 사건이 발행한 것이다. 범일은 당시의 박해를 피해 신라로 돌아와 그의 친족세력기반인 명주 지역의 도독의 초청에 의하여 굴산사에 자리를 잡게 되었다. 더불어 경주 왕실로부터 세 번이나 국사로 초청받았으나 모두 거절했다. 속세에 진정 미련이 없었던 것인지, 아니면 정부가 사촌뻘인 김헌창을 무참하게 짓밟은 것에 대한 소극적인 불만표현이었는지 알 수 없으나, 여하간 이렇게 거절하고서도 그는 별 탈없이 굴산사를 중심으로 자신이 터득한 내용을 제자들에게 가르쳐 나갔다.

그리고 진성여왕 3년889에 조용히 입적했다. 그의 부도로 알려진 굴산사지 승탑은 마치 삿갓을 쓰고 초연히 미지의 세상으로 길을 떠나는 방랑자의 뒷모습을 닮았다.〈11-1〉파란 많은 시대를 살다갔으면서도 누가 그의 적이었는지, 누가 그를 적으로 삼았는지도 모를 만큼 그는 조용한 삶을 유지했다. 그런 그의 무던함이 이 탑에 배어 드러난다. 그는 선종의 조사답게 아는 사람이나 알 수 있는 문자나 형상을 떠나, 출가니 세속이니의 것을 떠나 붓다의 가르침의 요체를 전달하고자 노력한 승려였다. 때문인지 그의 승탑에는 불교적인 색채라고 굳이 짚어낼 것이 잘 보이지 않는다. 차라리 그는 더 많은 사람과 이야기하고 싶은 듯, 만국 공통어라고 하는 음악을 그의 무덤의 주제로 삼았다.

음악이야말로 매우 이중적인 예술이다. 악기도 존재하고, 연주자도 존재하고, 악보도 존재하지만, 정작 이것이 만들어내는 음악이라는 것은 결코 잡을 수 없는 공기의 파동에 불과하다. 음악은 그 구성요소를 뛰어넘는 곳에 존재한다. 삼보의 불이 악기요, 법이 악보요, 승이 연주자라고 친다면, 이 삼보가 만들어내는 음악이야말로 바로 깨달음 그 자체인 것이다. 만약 사람들이 음악을 즐기지는 못하면서 그 악기가 어디 제품인지, 악보는 어디서 인쇄한 것인지, 연주자가 누구의 제자인지만 따지려 든다면, 과연 올바른 음악감상이 될 수 있을까? 범일은 떠나며 마치 우리에게 악보나 악기 따위는 잊어버리고 부디 진정 음악 자체에 집중하라고 이야기하고 있다. 바로 그 정신이 아비없는 설움도, 김헌창의 난도, 무종의 법란도 모두 잊고 자신이 평정심을 유지할 수 있었던 원동력이었음을 우리에게 들려주는 듯 하다.

이 승탑은 한편으로는 우주를 보여주고 있다.〈11-2〉가장 하단은 지상의 세계다. 사자들이 돌아다니는 길들여지지 않은 야생의 세계다. 그러나 그 사자들마저도 마치 털실뭉치를 가지고 노는 고양이처럼 온순하게 묘사되고 있다. 그 위로는 바다의 파도가 일렁이고 있다. 이 물결은 마치 얕은 접시처럼 움푹하게 패어있는데, 비라도 올라치면 여기에 잠시나마 빗물이 고이면서 그야말로 바다처럼 보였을 것 같다. 이 웅장한 파도 윗면은 순식간에 연꽃으로 변했는데, 마치 바다에서 연꽃이 피어나는 장면을 표현한 것 같다. 여기서 다시 팔각의 낮은 기둥이 생성되면서 그 위에는 뭉게뭉게 피어오르는 구름문양이 새겨진 둥근 석조부재가 빠르게 소용돌이치고 있는 모습으로 표현되었다. 여기서 일부의 구름이 슬그머니 연꽃잎 위로 퍼져나가면서 하대석의 파도치는 물결 사이로 흘러가고 있다.

구름 받침 위로는 다시 팔각의 중대석이 놓이고, 각 면마다 주악천인상이 새겨져 있다. 이들은 타악·관악·현악을 두루 갖추고 있어 그야말로 통일신라시대의 오케스트라라고 불러도 손색이 없다. 특히 이들 구성 악기에는

〈11-3〉 양손을 벌려 장고를 치는 천인. 음악이 절정으로 치닫고 있음을 의미하는 것일까.

〈11-5〉 바라를 연주하는 천인. 전통음악, 특히 불교음악에서 자주 사용된다

〈11-4〉 오카리나와 비슷한 악기인 훈을 부는 천인.

〈11-6〉 일본 정창원에 실물이 전하는 고대악기인 월금(진비파). 연주하는 모습이 매우 정교하다.

1-7〉 피리를 부는 천인. 볼에 공기가 가득찬 순간을 생생하게 묘사했다.

〈11-9〉 열세 줄의 하프인 공후. 생황은 공후와 함께 상원사 동종처럼 듀엣을 구성하는 경우가 많았던 듯 하다.

1-8〉 전통악기 중 유일한 화음악기인 생황. 구부정하게 연주하는 모습이 매우 〔한〕하다.

〈11-10〉 대금의 작은 형태인 '지'. '훈지상화'라 하여 지는 훈과 함께 듀엣을 이뤘다.

현재는 사용하지 않거나 우리나라에서의 사용예가 드문 경우도 있어서 당시의 음악 양상을 살펴보는데 중요한 자료가 된다.

우선 가장 익숙한 악기로 '장고'가 눈에 띈다.〈11-3〉 가부좌한 다리 위에 약간 비스듬하게 올려놓고는 양손을 벌려 고의 양쪽 면을 막 두드리려고 하는 찰나이다. 두 번째 악기는 '훈'이라고 하는 부는 악기〈11-4〉인데, 지금의 오카리나 정도라고 볼 수 있겠다. 흙을 빚어 만든 이 악기는 문묘제례악에서도 쓰이는 악기인데, 저음의 부드러운 소리가 특징이다. 세 번째 악기는 작은 크기의 '자바라'로 보이는데,〈11-5〉 이러한 자바라는 아직도 범패에서 많이 쓰인다. 네 번째 악기는 '비파'인데,〈11-6〉 보통의 비파는 몸통과 목이 부드럽게 곡선을 그리며 이어지는 반면, 여기서는 마치 현대의 기타처럼 몸통과 목이 확실히 구분되어 있다. 이 악기는 '월금', 또는 '진비파'라고 부르는데, 현재는 잘 사용되지 않는 악기지만, 일본 정창원에 실물이 전한다. 왼손으로 지판을 집고 있는 모습이나 오른손으로 현을 튕기고 있는 모습을 분명하게 묘사했다.

다섯 번째 악기는 '피리'〈11-7〉이다. 피리를 불기 위해 볼에 공기가 가득찬 모습이 재밌게 표현되었다. 그 옆은 같은 관악 계통인 '생황'이다.〈11-8〉 소리가 나는 원리는 하모니카와 비슷한 개념인데, 우리나라 전통악기 중 유일한 화음악기다. 때문에 그 연주법이 매우 어렵다고 한다. 그래서일까, 다른 사람과 달리 허리를 약간 구부정하니 연주하고 있는 모습이 꽤나 진지해 보인다. 다음으로 보이는 것은 '공후'인데,〈11-9〉 이것은 하프라고 보면 되겠다. 공후는 대공후 · 소공후 · 와공후로 나뉘는데, 이것은 소공후이다. 둥근 부분이 소리가 울리는 공명통이고, 이 둥근 부분과 직각을 이루는 직선의 지지대 사이에 13줄 정도의 현이 걸려있는 구조이다. 고구려와 백제에서 사용했었다는 기록이 있는데, 무엇보다 상원사 동종에서는 두 비천이 각각 생황과 공후를 연주하고 있어서 이 두 악기가 불교음악에서 특별히 애호되었음을 짐작할 수 있다. 마지막 악기는 '지'로 추정된다.〈11-10〉 언뜻 플룻처럼 부는 관악기인 대금과 유사한 것 같지만, '지'로 보고자 하는 것은 그 크기가 작을 뿐만 아니라, 보통 앞서 언급한 '훈'이라는 악기가 '지'와 짝을 지어 사용되는 경우가 많기 때문이다. 그래서 이를 '훈지상화'라고 부르기도 한다. 지는 부는 부분이 몸체 옆에 관 형태로 튀어나와 있는 것이 특징인데, 훈과 대조적으로 고음 악기에 속하며, 또한 훈과 함께 12율을 구사할 수 있다.

　　　다소 불규칙하고 역동적인 모티프로 가득찬 탑의 하단 부분은 음악을 연주하는 오케스트라를 지나 기하학적이고 정제된 공간으로 변화된다. 이 위로는 정연한 연판문이 새겨진 앙련이 놓이고, 그 위가 바로 범일국사의 사리가 봉안된 장소를 상징적으로 보여주는 팔각형의 건축구조물이다. 팔각지붕 위의 상륜부가 탑신에 비해 무척 크게 묘사된 것이 특징인데, 전체적으로 보면 마치 하단부의 일렁이는 파도를 나타낸 부분이 꽃잎이라면, 그 위로는 꽃 중앙에 솟은 암술처럼 보인다.

　　　이제 한발 떨어져서 이 탑에서 흘러나오는 관현악단의 음악을 들어보자. 두 개의 타악기, 두 개의 현악기, 그리고 네 개의 관악기로 구성되어 있다. 사뭇 차분한 음악이지만, 종종 바라와 장고가 박자를 넣어주고, 통주저음처럼 월금이 반주로서 은은히 흐른다. 그 위로 관악기들이 각각의 고음부와 저음부를 맡아 연주되고, 공후는 관악기와 현악기의 음 사이를 오가며 멜로디를 전한다. 왜 이토록 관현악단의 모습을 구현하는데 집중했을까? 범일이 평소 음악을 좋아했을까? 아니면 전해지지는 않지만 그가 우리나라 불교음악을 정비했을까? 여하간 남아있는 그의 제자들은 그에게 항상 음악을 들려주고 싶었던 모양이다. 가장 추상적인 이 음악을 통해 그의 스승이 가르쳤던 그 '불도 보살도 없다'고 했던 평상심을 상징적으로 표현하고 싶었던 것이다. 이 음악을 언어적으로는 결코 표현할 수 없는 것처럼, 붓다의 가르침도 결코 언어로는 표현될 수 없다. 따라서 마치 음악을 마음으로 느낄 때 스스로에게 감정이 있는 것을 발견하듯이 평상을 통해 늘 그 마음 속에 있는 붓다를 발견하라는 뜻은 아니었을까?

도발비사문천이
나타났다

영월 법흥사 승탑

도발비사문천이 나타났다

영월 법흥사 승탑

우리나라에서는 석가모니의 진신사리를 구하기가 어려웠다고 했지만, 그렇다고 전혀 없는 것은 아니었다. 우리나라에도 진신사리를 모신 곳이 다섯 군데 존재한다. 이를 오대 적멸보궁이라 한다. 이외에 몇 군데가 더 있기는 하지만, 비교적 분명한 근거를 가진 공인된 곳은 다섯 사찰이다. 그 중에 가장 유명한 것은 당연 양산 통도사이다. 그래서 우리나라 삼보사찰 중의 불보佛寶사찰로 일컬어지는 것이다. 통도사 금강계단은 진신사리를 모신 탑으로서 인도의 스투파를 모방한 듯한 범종 형태의 돌탑이라는 점에서 주목된다.〈12-1〉 탑인데도 계단이라는 이름이 붙은 것은 실제 이 단 위에 올라가 계를 받는 의식을 거행했었기 때문이다. 마치 모든 기독교 성직자들이 세례요한으로부터 예수를 거쳐 베드로를 통해 세례를 받음으로써 정통성을 확보하고 있는 것처럼, 불교의 승려들도 사실상 붓다로부터 기원하여 가섭을 거쳐 계를 받은 승려들에 의해 이어지고 또 이어지면서 정통성이 확립된다. 그런데 이러한 진신사리 앞에서 계를 받는다는 것은 직접 석가모니로부터 수계를 받는 것과 마찬가지니 얼마나 의미심장한 일이겠는가.

그 외의 진신사리의 봉안처 적멸보궁은 오대산 상원사, 태백산 정암사, 설악산 봉정암, 그리고 사자산 법흥사이다. 법흥사의 창건 당시 이름은 흥령사興寧寺였다. 진신사리를 모신 사찰의 법당은 적멸보궁이라고 하는데, 적멸이란 "완전히 꺼짐"을 의미한다. 번뇌로 타오르던 정신이 완전한 고요에 들어갔다는 것이므로 곧 석가의 열반을 의미하는 것이다.

진신사리 신앙은 우리나라의 경우 중국 당나라에 유학을 떠났던

〈12-1〉 고다마 싯달타, 즉 석가모니의 진신사리를 봉안한 통도사 금강계단. 동아시아의 불탑이 아니라, 인도의 스투파를 닮아있다. 이것이 옛날 사람들이 생각했던 석가모니의 고향 인도의 무덤이었다.

자장율사 590~658가 석가모니의 진신사리를 가지고 신라에 돌아옴으로써 유행되었다. 승자의 기록인 이들 신라의 다섯 적멸보궁 외에도 백제나 고구려도 나름대로 진신사리를 입수하였을 가능성이 많기 때문에 진신사리를 봉안한 적멸보궁이 더 있었을 것이다. 거기다 여기서 파생된 또 다른 적멸보궁도 세워졌을 것이다. 신라의 적멸보궁도 원래는 다섯 곳이 아니라 세 곳으로, 황룡사 목탑, 통도사 금강계단, 그리고 울산의 태화사였다. 태화사는 조금 생소하겠지만, 원래는 신라 10대 사찰의 하나로서 큰 규모를 자랑하던 곳이다. 그러다가 여러 전란을 만나 이 세 곳의 진신사리가 이합집산을 거듭하다가 지금처럼 다섯 군데에 분산 봉안되었던 것으로 전한다.

　　　　스투파는 원래 무덤이다. 하지만 동아시아에서처럼 진신사리를 구하기 어려웠던 곳에서는 그것을 대체할 수 있는 개념을 만들어내었고, 따라서 점차 무덤이 아니라 깨달음을 상징하는 승리의 기념물로서 새로운 의미를 지니게 되었던 것이다. 하지만 이렇게 진신사리를 확보한 이상에는 다른 구차한 변명이 필요하지 않았다. 그것은 인도에서처럼 성스러운 무덤이 되어야 했다. 그

〈12-2〉 이 승탑은 도대체 누구의 승탑이길래 부처의 진신사리를 모신 봉분 앞에 세워진 것일까?

〈12-3〉 사자산 법흥사를 일으킨 징효선사의 탑은 대웅전 뒤에 별도로 세워져 있다. 유사한 형태이지만 보다 소박하다.

래서일까, 법흥사의 진신사리탑은 마치 신라의 왕릉처럼 큰 봉분으로 구성되어 있다. 그리고 그 자체가 부처였기 때문에 통도사에서와 마찬가지로 적멸보궁 안에는 어떤 불상도 모시지 않았다. 사람들은 적멸보궁 뒷벽의 뻥 뚫린 벽을 통해 이 봉분에 예불을 드린다. 전통조경에서는 차경借景이라는 개념이 있는데, 다시 말해 창문이나 누각, 정자의 뚫린 공간을 통해 외부의 경치를 안으로 끌어들인다는 뜻이다. 어떻게 보면 이 차경의 개념을 통해 법당 뒤편의 진신사리 봉분을 법당 안으로 끌어들이는 것이다. 진신사리탑을 이렇게 무덤 봉분 형태로 조성한 사례는 오대산 상원사의 월대에서도 확인할 수 있다.

이렇게 사람들이 진신사리를 숭배하는 가운데 꼽사리를 끼는 존재가 있으니 그것이 바로 고려시대에 만들어졌을 것으로 보이는 법흥사 승탑이다.〈12-2〉 법당 뒤편으로 돌아서 이 승탑으로 가다보면 또 그 옆에 잘 다듬어진 석조 부재들이 쌓여있는 것도 볼 수 있다. 전하는 말에 의하면 자장율사가 이곳에서 수행할 적에 이렇게 돌방을 반지하에 만들어놓고 그 안에서 참선을 했다는 것이다. 지금은 봉분 주변에 축대를 두르면서 막혀버려 그 내막은 모르겠으나, 진신사리를 모셔놓고 이렇게 지하통로를 만들어 필요에 따라 들어가 진신사리를 친견했던 것일 가능성도 있다. 그렇더라도 전혀 이상할 것은 없다. 원래 진신사리란 영구적으로 묻어두는 것이 아니라, 특별한 행사 때에는 꺼내어 친견의

〈12-4〉 팔각형의 탑신에는 금강역사와 사천왕, 문비가 돌아가며 새겨져 있는데 깊은 볼륨감을 보여준다.

〈12-6〉 사천왕 중 북방다문천의 특수한 형태인 도발비사문천. 중국, 일본에서는 많이 만들어졌지만, 우리나라에서는 찾아 보기 어려운데, 유독 이렇게 승탑에 표현된 사례가 드물게 전한다.

◀〈12-5〉 이 승탑의 부조는 도식화된 인물도 생동감이 있을 수 있다는 것을 비로소 느끼게 해준다.

례를 거행하는 일도 많았기 때문이다. 내부가 무척이나 궁금하지만, 함부로 들어가지는 말자.

그 옆에 있는 승탑은 무엇일까. 아무리 불·법·승이 삼보라지만 왜 감히 부처님 옆에서 부처님 행세를 하고 있는 것일까. 혹자는 이것은 승탑이 아니라, 바로 진신사리를 봉안한 탑 자체라고 하기도 한다. 하지만 그것이 왜 고려시대에나 들어와서야 조성된 것인지 다소 의아하다. 자장율사의 사리를 봉안한 것일까 생각도 들지만 역시 삼국시대를 살았던 승려의 사리가 고려시대까지 보관되다가 비로소 승탑이 건립되었다는 것도 이해하기 어렵다. 다른 하나의 가능성으로는 실질적으로 이 사자산 법흥사를 일으킨 징효선사의 승탑일 가능성인데, 징효선사 승탑은 법흥사 대웅전 뒷면에 탑비와 함께 세워져 있어서 이 가능성도 없다.〈12-3〉 다만 징효선사탑과 그 모양이 매우 유사하여 그리 차이 나지 않는 시기에 조성되었거나 아니면 분명히 둘 중의 하나를 염두에 두고 다른 하나를 조성하였음을 짐작할 수 있다. 그러나 징효선사탑에는 문만 조각되어 있는 반면, 적멸보궁 뒤의 탑에는 금강역사와 사천왕이 새겨져 있다.〈12-4, 12-5〉 징효선사보다 더 존귀한 분의 승탑일 것 같은데, 그렇다면 혹시 징효선사의 스승이었던 철감선사 도윤의 탑일까. 그런데 또 철감선사의 승탑은 나중에 살펴볼 화순 쌍봉사에 이미 조성되어 있다. 이런저런 궁금한 점이 많은데도 불구하고 여하간 이 승탑이 기껏해야 강원도 유형문화재(제73호)로만 지정되어 있어 큰 관심을 끌지는 못하고 있는 실정이다. 하지만 필자가 이 승탑을 중요하게 생각하는 이유는 여기 새겨진 사천왕이 매우 특별한 캐릭터이기 때문이다.

승탑에 사천왕이 새겨진 사례는 매우 많다. 우리나라 최초의 승탑이라고 하는 국립중앙박물관의 염거화상탑으로부터 시작해서 방금 말한 철감선사탑도 마찬가지로 사천왕이 탑신부에 새겨져 있다. 그런데 이들 사천왕들과 법흥사 승탑 사천왕의 큰 차이점이 있으니 바로 북방다문천 중에서 특별한 모습을 지칭하는 도발비사문천兜跋毘沙門天이 새겨져 있다는 점이다.〈12-6〉 비사문천과 다문천은 모두 사천왕 중에서 북쪽을 상징하는 천왕을 말한다. 다만 비사문천의 '비사문'은 원어인 '바이슈라바나vaiśravaṇa, 吠室羅摩拏'를 음역한 것이고, '다문천'은 그 뜻을 헤아려 의역했다는 차이가 있을 뿐이다. 그런데 도발비사문천〈12-7〉은

〈12-7〉중앙아시아에서 나타난 도발비사문천은 북방다문천이 솔로로 활동할 정도로 그 신앙이 발전했음을 보여주는 도상이다.
| 중국 쓰촨성 대학박물관 소장의 당나라 도발비사문천상 |

특히 북방다문천이 사천왕에서 독립하여 솔로로 활동하면서 가지게 된 독특한 캐릭터인데, '도발'은 '都鉢', '屠半' 등으로도 쓰인다. 사천왕에서 맴버로 활동할 때는 투구를 쓰고 아래위가 분리된 투피스 갑옷을 입은 모습이지만, 도발비사문천은 높은 형태의 관을 쓰고 갑옷은 비늘갑옷인데 마치 트랜치 코트나 원피스를 입은 것처럼 늘어진 형태를 하고 있다는 것이 특징이다. 또 사천왕은 다소 자연스러우면서도 약간 건들건들하게 사람을 협박하는 자세로 서있는 반면에 도발비사문천은 열중쉬어 자세처럼 다리를 벌리고 똑바로 서 있는 것이 특징이다. 이러한 형태는 중앙아시아 지역에서 시작하여 중국의 경우는 당나라 때 유행했고, 일본에서는 다수의 제작 사례가 전하고 있는데, 우리나라에서는 유행하지 않았던 것으로 추정되어 왔다. 그런데 이 법흥사 승탑에 비사문천이 등장하고 있다. 그것도 중국이나 일본에서처럼 솔로가 아니라 여전히 사천왕 그룹의 멤버로서 말이다. 그러니 매우 중요한 탑일 수 밖에 없다.

비사문천의 역할은 무엇일까. 비사문천은 인도에서 쿠베라로도 불렸다. 그의 활약상은 『마하바라타』와 같은 인도 서사시에서 영웅적으로 묘사되고 있는데, 북방을 수호하는 신이자 재보의 신으로 인식되었다. 다문천이 들고 있는 탑은 보통의 탑이 아니라 보탑寶塔으로서 쿠베라의 부를 상징한다고 보는 해석도 있다. 사천왕은 불법을 수호하는 것으로 잘 알려져 있지만, 이렇게 재물을 통해 사찰의 운영을 후원하기도 한다. 실제로 인도 남부지역의 아마라바티라는 곳에서 발견된 〈스투파 예불도〉에 보면 스투파 입구 부분에 난쟁이 같이 생

〈12-8〉 남인도 아마라바티에서 출토된 스투파 예불도의 입구에는 재물의 신이자 사천왕의 기원인 쿠베라가 서있다. 불탑에 대한 물질적 지원은 교단의 운영에 필수적인 것이었다.

긴 쿠베라의 권속들이 머리에 보화를 담은 쟁반을 머리에 이고 서있는데, 그것은 스투파에 참배하러 오는 사람들은 그 보화를 집어다가 공양하라는 의미였던 것이다. 〈12-8〉 돈이 없는 사람도 항상 쿠베라가 그렇게 재물을 나누어주므로, 누구든 스투파 앞으로 나와 부처를 경배하라는 뜻일 것이다. 쿠베라가 네 명의 천왕으로 확대된 다음에도 물질적 후원은 매우 중요한 그들의 임무였다.

         붓다도 깨달음을 얻은 직후 그 품위에 어울리게 탁발을 하기 위해 발우를 마련해야겠다고 생각하셨다. 그래서 어디 적당한 발우가 없을까 고민하고 있을 때 사천왕이 나타나 금으로 된 발우를 바쳤다. 어떻게 보면 금도끼 은도끼 설화의 원형 같은 이야기지만, 여하간 석가는 "그 금발우는 내 발우가 아니다" 답하셨다. 이에 은그릇을 바쳤지만 역시 "그 은발우도 내 발우가 아니다" 라고 하셨다. 그러자 사천왕은 금발우나 은발우보다 더 좋은 그릇이 없을텐데 그럼 어떤 발우를 구해드려야하나 고민에 빠졌다. 그때 사천왕은 천신이 준 힌트에 따라 알나산頞那山 꼭대기의 신비한 돌을 깍아 발우를 만들었다. 그 돌은 보통 돌이 아니어서, 석가에게는 그저 돌솥비빔밥을 담는 그릇 정도였지만, 보통 사람은 수백명이 달려들어도 들 수 없는 그런 무거운 돌이었다. 사천왕은 이

〈12-9〉 불교교단은 현실적으로 제왕들의 지원을 받기 위해 사천왕이 밥그릇을 부처님께 바쳤다는 전설을 통해 왕실에 교단의 보호를 권장하려고 했다.

건 확실하다는 확신이 들었는지 서로 자신이 만든 돌 발우를 석가모니께서 쓰시게 끔 하기 위해 경쟁적으로 부처님께 날아와 서로 자신의 돌발우를 받아달라고 했다.〈12-9〉 아무리 전설이지만 여기서도 석가모니의 따뜻한 마음씨가 드러난다. 석가모니는 누구 하나의 발우를 쓰면 다른 사천왕들이 실망할테고, 그렇다고 수행자가 네 개의 식기세트를 바리바리 싸들고 다닐 수도 없는 노릇이어서 네 개의 발우를 겹쳐 완전히 하나로 만들었다. 그래서 인도에서 이 장면을 묘사한 조각을 자세히 보면 석가가 들고 있는 발우의 윗부분에는 네 개의 줄이 그어져 있는데, 그것이 바로 네 개의 발우가 하나가 되었음을 뜻하는 것이다.

　　　　　이 설화는 석가 성도 후의 지나가는 에피소드 같지만, 이를 소재로 한 작품이 인도에서는 많이 만들어졌다. 그만큼 중요한 설화였다. 이 금도끼 은도끼 같은 설화가 왜 그리 중요했을까. 두 가지 측면이 있다. 첫째는 사천왕, 즉, 사회지도층의 불교교단에 대한 보시를 상징화한 것이다. 현실적으로 불교교단이 사회지도층, 다시 말해 왕이나 귀족들의 후원없이 운영되기란 매우 힘들었

〈12-10〉 다른 탑의 사천왕들과는 다르게 이 승탑의 사천왕들은 마치 터어번처럼 생긴 독특한 관을 착용하고 있어서 출신이 중앙아시아임을 드러내고 있는 듯하다.

〈12-11〉 앞부분이 심하게 말려있는 부츠를 당당히 신고 있는 이 사천왕 역시 이국적인 분위기를 풍긴다.

〈12-12〉 치렁치렁한 장식을 갑옷 위에 두르고 금강저처럼 보이는 지물을 든 이 사천왕은 아마도 밀교의식의 한 장면을 묘사한 듯 하다. 치켜올라간 두 눈은 아직도 생생하다.

〈12-13〉 승탑이지만 기단부는 마치 통일신라시대 불상의 대좌를 닮아 있다. 그만큼 승탑을 존귀한 대상으로 간주하고 있음을 알 수 있다.

고, 따라서 불교교단에 대해 후원하는 지도층을 사천왕에 비유함으로써 그들로 부터 자연스럽게 교단의 보호와 지원을 이끌어내고자 했던 것이다. 인도에서 불 교가 확실한 하나의 교단으로 자리 잡아가는데 아쇼카왕이라는 제왕이 결정적 인 역할을 했던 것은 결국 이러한 설화가 확실한 고객을 하나 끌어들인 셈이라 는 것을 반증한다.

두 번째는 정반대로 하층의 후원자들을 향한 메시지다. 부처는 아 무리 충분한 공양을 받았다고 해도, 그 누구의 공양도 물리치지 않는다는 것이 다. 당시 인도에서는 최고위 계층인 브라만 사제들에 대한 공양이 최고의 공덕 이었지만, 브라만은 하층민의 공양은 불결하다고 하여 받지 않았다. 그들의 공양이 없어도 충분히 운영될 수 있는 교단이었기 때문이다. 하지만 그 바람에 하층민들은 공덕을 쌓을 기회를 가질 수 없었다. 그러나 석가는 달랐다. 위로는 제왕의 후원을 권장하면서도 절대 공양을 물리치지 않는 붓다의 모습을 보여줌으로써 간접적으로 계급을 초월한 모두의 공양을 받을 준비가 되어 있음을 보여준 것이다.

　　　　원시불교 시기의 교단은 철저하게 신도들의 공양에 의지하여 먹고 살았다. 지금도 마찬가지이기는 하지만, 그 당시는 절이라는 머물 곳마저 없던 시절이었다. 당시의 승려들이 너무 신도들의 보시와 먹을 것을 밝혔다고 해서 속물이라고 매도하지 말자. 그들은 신념에 충실하기 위해 살아있는 생명을 거두면 안 되었으므로, 자신이 먹을 과일하나 나무에서 딸 수 없었다. 누군가 주지 않으면 그들은 몸뚱이 하나 지탱할 수도 없었다. 그래서 수행을 하기 위해서는 신도들의 시주가 절실했던 것이다. 자존심 세우고 보다 품위있게 수행자 노릇을 하기 위해 재산을 소유할 수도 있었을 것이다. 하지만 그보다는 원칙에 충실하고 먹을 것에 관해서만은 한없이 비굴해졌다. 그리고 그것의 안전장치를 위해 음식을 먹을 수 있는 시간과 방법을 철저히 규정해 놓았다. 그만큼 그들은 인간적이었다. 아울러 그러한 승려들에게 최고의 위안은 바로 그들을 지켜준다고 믿었던 후원의 화신인 사천왕이었다.

　　　　사천왕은 원래 인도미술에서는 실제 제왕의 모습이었지 우리나라에서처럼 갑옷을 입은 무장의 모습은 아니었다. 여하간 인도에서는 브라만이든 불교승려든 자이나교 수행자든 그런 종교인들은 절대로 건드리면 안되는 신성한 존재였기 때문에 교단을 지킨다는 것은 물질적 후원과 면세혜택을 주는 배려 등이 주요 역할이었지만, 불교가 종교의 나라 인도라는 테두리를 벗어나면서부터는 신체적 위협도 감수해야했기 때문에 그렇게 무장으로 변화해나간 것이 아닐까 추정해볼 수 있다.〈12-10, 12-11, 12-12〉그런 과정에서 제일 먼저 중앙아시아 지역에 등장한 것이 법흥사 승탑에 새겨진 도상과 같은 도발비사문천으로 추정되는 것이다. 북방다문천왕이 중국으로 전해지면서 투구를 쓴 사천왕으로서 먼저 유행했지만, 오히려 원조인 도발비사문천은 동아시아의 교통과 정보가 더 활발하게 오고가던 7~8세기에 이르러서야 그 모습 그대로 중국에 수입되어

주로 밀교도상으로서 사용되었고, 우리나라에는 더 늦은 시기에 밀교가 선종에 흡수되어 들어오면서 법흥사 승탑에 등장하게 된 것으로 보인다.

사천왕이 부처에게 바쳤던 발우는 석가 열반 후 가섭에게 전달되었고, 그것은 곧 부처의 정통성이 가섭에게 계승되었음을 상징하는 것이 되었다. 가섭은 선종에 있어서 1대 스승이다. 승탑에 새겨진 사천왕은 무엇을 하고 있는가? 그들은 발우의 수호자이다. 마치 승탑이 곧 발우인 것처럼 지키고 있는 것 같다. 승탑은 물론 발우가 아니다. 하지만, 발우가 불법의 정통성과 그 계승을 상징하는 것이라면 그것은 곧 승탑의 주인공이 그 발우를 지닐 자격이 있는 자임을 상징하는 것이 된다. 가섭으로부터 그 발우를 전해받은 사람이 되는 것이다.〈12-13〉 그렇다. 사천왕은 단순한 보디가드가 아니다. 그들이 호위하고 있다는 것은 곧 그 주인공이 불법의 정통성을 계승한 사람임을 상징하는 것이다.

석가모니 붓다도
승려였다

ㅣ

양주 회암사지 승탑

석가모니 붓다도 승려였다
양주 회암사지 승탑

탑을 크게 불탑과 승탑으로 나눌 수 있다는 것은 쉽게 알 수 있다. 그리고 그 모습만 보고도 불탑인가 승탑인가는 비교적 쉽게 구분이 간다. 불탑은 중층누각형, 즉 층층이 올라가는 지붕을 가진 모습이고, 승탑은 불상의 대좌 같이 생긴 기단 위에 팔각원당형, 즉 팔각형 평면을 지닌 목조건물의 변형된 구조물을 올려놓은 것이다. 그런데 가끔은 헷갈리는 구조물도 있다. 예를 들어 승탑이 분명한데 생긴 것은 불탑처럼 생긴 경우가 있는데 국립중앙박물관에 있는 보제존자 나옹의 사리탑이 대표적이다. 이것은 아마도 나옹을 거의 부처님과 같은 존재로 추앙하기 위한 문도들의 의도였을 것이다.

이와는 반대로 생긴 것은 승탑인데, 알고 보면 불탑인 것도 있다. 대표적인 예가 역시 국립중앙박물관에 있는 봉인사 부도암 사리탑이다.〈13-3〉 승려를 부처로 추앙하기 위해 승탑을 불탑처럼 만든 것은 이해가 가지만, 왜 불탑을 승탑처럼 만들었던 것일까. 우리는 또 다른 사례인 회암사지에서 그 힌트를 찾아보기로 하자.〈13-2〉

보통 우리나라에서 거찰로 기억되는 곳은 황룡사지, 미륵사지가 대표적일 것이다. 그러나 회암사지는 비교적 근래인 조선시대의 사찰임에도 그에 못잖은 거찰이었다. 실제 그 터에 가보면 그것이 얼마나 대단한 규모였는지 쉽게 알 수 있다. 억불숭유의 시대인 조선시대에 이런 거찰이 세워졌다는 것은 무척이나 아이러니하다. 그것은 조선초의 어수선하지만, 그럼에도 다양성이 공존했던 문화적 특성을 잘 보여준다.

태조 이성계의 오른팔은 정도전이요, 왼팔은 무학대사였다.〈13-1〉

조선의 수도 서울을 어디로 정할 것인가의 문제와 경복궁의 좌향을 놓고서도 이 오른팔과 왼팔은 다른 의견을 보였다. 어떻게 보면 이 문제는 무승부였다고 할 수 있지 않을까. 서울의 위치는 무학의 의견을, 경복궁의 좌향과 플랜은 정도전의 의견을 채택했으니 말이다. 이 둘은 국정운영에서만 대립한 것이 아니라 서로의 사상적 기반을 놓고도 논쟁을 벌였다. 정도전이 〈불씨잡변〉이라는 글로 불교의 이론을 성리학적으로 비판한 것에 대하여 무학은 그의 제자인 함허당 기화己和 1376~1433 를 통해 불교를 변론했다. 물론 이는 진정한 맞대결이라고 할 수는 없다. 어디까지나 정도전의 공격, 그리고 기화의 수비였고, 기화가 선방한 것은 맞지만, 그렇다고 성리학을 공격

〈13-1〉 조선의 건국 뿐 아니라 고려말 불교계의 개혁도 주도하여 조선불교의 근간을 형성했다. | 무학대사 자초(無學大師 自超, 1327~1405) |

한 것은 아니니 말이다. 그 당시는 누구도 성리학을 건드릴 수는 없었다. 아니, 그 당시 뿐 아니라, 그 이후로도 마찬가지였다. 아울러 한편으로는 그런 사상적 절대권력을 지닌 성리학의 시대에서 불교가 살아남았다는 것이 더 대단한 사건임을 역설적으로 알 수 있게 된다. 그나마 불교가 이렇게 살아남을 수 있었던 것은 어떤 이유였을까.

불교는 성리학의 공격에 적극적으로 방어를 하면서도 사실 그 내부적으로도 많은 종파들이 갈등을 겪고 있었다. 천태종·법상종·화엄종·조계종은 여러 종파 중에서 가장 큰 4개의 종파였다. 흔히 고려말기를 불교계의 극심한 타락기로 지목하고 고려 멸망의 주범 정도로 치부하는 경우도 많지만, 그 원인 제공자인 신돈에 대한 역사적 평가도 제각각일 뿐 아니라 불교사의 입장에서 보면 각 종단들이 스스로 많은 변화를 모색하고 있던 시기이기도 하여 조금 다른 시각으로 이 시기의 불교를 바라보아야 할 것 같다. 흔히 고려의 불교를 귀족불교, 조선의 불교를 민중불교라고 비교하면서 그렇게 된 원인을 조선조

〈13-2〉인도에서 탑의 본체를 안다(aṇḍa), 즉 '알'이라고 불렀던 사실을 알았기 때문일까. 여기서는 둥근 알처럼 탑이 표현되어 있다.

의 억불숭유정책으로 꼽고 있지만, 조선이 아니었어도 고려말의 불교혁신운동은 대중불교를 지향하고 있었다. 그리고 그 한 가닥이 무학이다. 무학은 어쩌면 종교개혁을 꿈꾸며 한편으로는 불교의 보수파들과 싸워야했고, 한편으로는 개혁의 동지인 성리학자들과도 싸워야하는 무척 고단한 삶을 살았다. 이런 와중에 불교와 성리학을 다 끌어안고 조선을 건국한 이성계의 리더십은 각별히 빛난다.

고려말의 불교종교개혁은 종파마다 각각 고려왕실을 통해서나 민중결사를 통해서나 아니면 불교 자체 내의 정화를 통해서 다양하게 시도되었겠지만, 그런 부분적인 개혁이 아닌 근본부터의 개혁은 정치혁명을 통해서 결국 이루어졌던 것이고 무학은 그것을 꿈꾸었다. 어쩌면 지금 우리나라 불교의 특색

〈13-3〉 봉인사 세존사리탑 광해군 12년(1620). 진신사리를 봉안한 불탑이지만 모습은 승탑과 닮아있다.

〈13-4〉기단부에 새겨진 기린. 새로운 조선 왕실의 미술을 보여주는 특별한 장엄이다.

은 바로 이때 확립된 것이다. 그리고 그 본산지는 바로 회암사였다. 아울러 왕자의 난으로 왕위에서 밀려난 이성계가 이방원과 화해하고 함흥에서 돌아와 마지막을 보낸 곳이기도 하다. 그러니 이후 조선불교의 마스터플랜은 여기서 수립되었다고 보면 될 것이다.

　　　이성계가 머물렀던 사찰이니만큼 이성계 사후에는 그의 명복을 비는 소위 원찰이 되어 성리학적 의례상 종묘가 담당했던 일을 불교적으로는 회암사가 담당했다. 따라서 아무리 성리학 세계였다고 해도 왕실의 명복을 비는 기신재를 행하던 사찰은 함부로 건드릴 수 없는 방어막이 쳐져있는 셈이었다. 최소한 중종연간에 기신재를 없애버리기 전까지는 그랬다. 아마 그 위기를 명

〈13-5〉 기단부의 각이 진 단정한 형태는 마치 둥근 형태의 탑신을 더 강조하려는 듯 보인다. 그리고 매우 깊게 이 땅에 뿌리내리고 있음을 보여주는 듯 하다.

종연간에 태고 보우가 간신히 문정왕후의 힘을 빌어 버텨보기는 했지만, 그것이 오히려 역효과였는지, 문정왕후 사후 보우가 유배되어 피살되면서 그의 본거지였던 회암사도 유생들의 방화에 의해 불타버린 것으로 추정된다. 마치 탈레반에 의해 아프가니스탄 바미얀의 마애불들이 파괴된 것과 마찬가지라고나 할까.

　　　　지금은 깡그리 사라지고 장엄한 터만 남아있지만, 그나마 발굴을 통해 하나의 사리탑을 원위치에 복원해 놓을 수 있었다. 혹자는 이 사리탑을 보우의 승탑이라고도 하고, 누구는 더 오래전 공민왕 때 이 절을 중창한 처안의 승탑이라고도 한다. 하지만, 우선 승탑이라면 이렇게 사찰의 경내에 세우지는 않았을 것이고, 아울러 세조연간에 활동한 김수온의 문집 〈식우집〉에 효령대군

〈13-6〉기단부에 기린과 아울러 번갈아가며 새겨진 용은 마치 조선왕실이 이 탑을 수호하고 있음을 암시적으로 보여주는 것 같다.

〈13-7〉 경복궁의 유명한 아미산 굴뚝에서 볼 수 있는 것과 유사한 스타일의 식물문양은 중대석에 새겨져 있는데, 정적이 면서도 은근한 생명력이 느껴진다.

이 회암사 동편 언덕에 사리탑을 세우고 사리를 봉안할 때 사리분신이 일어났다는 기록을 한 것으로 보아, 그 '회암사 동편 언덕의 사리탑'이 바로 이 탑을 의미하는 것으로 보인다. 따라서 이 탑은 당시에는 부처의 진신사리를 모신 탑으로 간주되었던 듯 하다. 사실 회암사에는 탑이 없다. 보통은 불당 앞에 탑이 놓여있지만, 회암사에는 탑 대신 사리전이라는 사리를 모신 전각이 있었다. 왜 탑이 없는가를 설명하는 것은 좀 복잡한 이야기지만 간략히 말하면 그것은 선종의 특징으로, 당시 중국 명나라 등의 사찰에서도 마찬가지로 하나의 유행 같은 것이었다. 그럼에도 효령대군은 작은 탑이나마 하나 조성하여 공덕을 쌓으려고 했다. 그럴 때에 사리전에 모셨던 부처님의 진신사리가 빛을 내며 자연스럽게 몇 개로 나뉘어졌고, 그 나뉘어진 여분의 사리를 이 사리탑에 안치했다. 김수온의 〈식우집〉에는 그 외에도 왕과 중생들이 빤히 보는 앞에서 불상이 걸어다녔다는 둥의 기적같은 일들을 기록하고 있어서 눈을 의심하게 된다. 이런 기적은 삼국

〈13-8〉 팔금강이 새겨진 것은 독특한데, 조선전기 불교의 양상을 보여준다. 하나의 도상이 두 번씩 사용되어 8구를 형성한다.

〈13-9〉 오른손으로 검을 비껴잡고 머리막기 자세를 하고 있는 금강.

〈13-10〉 왼손으로 칼날을 잡고 있는 모습은 사천왕에서도 보이던 도상이지만 팔금강의 도상으로 이어졌다.

〈13-11〉 사천왕의 북방다문천이 탑을 들고 있는 것처럼 불꽃을 손 위에 올려놓은 금강역사.

〈13-12〉 모든 것을 선적인 묘사로 처리하면서도 그 선을 굵고 깊게 표현하여 깊은 볼륨감을 가진 조각보다 더 역동적이고 생동감있게 표현했다. 이것이 고려와 다른 조선의 미이다.

시대나 늦어도 통일신라시대에나 일어나는 일이지 어떻게 조선시대에, 그것도 당대의 지식인들인 성리학자들이 두 눈을 시퍼렇게 뜨고 있는 상황에서 벌어졌는지 도무지 이해할 수 없는 일이다. 하지만 불교경전에 쓰여진 이야기가 아니라 지식인의 문집에 실린 이야기이니 이거 참 난처하기 그지없다.

　　　　그래서 이 탑이 회암사의 유일한 탑이 된 것이다. 그 생김새도 봉인사 진신사리탑과 유사한데, 다만 기단부가 월등히 크고 높아서 위용이 더 대단해 보인다. 그리고 기단부에는 화려한 부조가 새겨져 있다. 그 모양은 단순한 듯 하지만, 가까이 들여다보면 무언가 결정체가 집약된 느낌이 들게 된다. 기단부를 헤아려보면 무려 3단에 이르니 지극히 높은 존재로 모시고자 하는 마음이 절절히 느껴진다.

기단부의 가장 아래층에는 기린과 용을 새겼다.⟨13-4, 13-6⟩ 불교미술에서 용이 새겨진 예는 물론 많이 보아왔지만 기린이 새겨진 경우는 특별하다.

그 위의 기단부에는 길상초가 그려져 있다.⟨13-7⟩ 정제된 식물문양인데 마치 경복궁 아미산 굴뚝의 장식문양으로 등장한 식물들이나 십장생 굴뚝의 식물문양처럼 보여서 이 사리탑이 확실히 왕실발원의 탑이라는 것을 짐작케 한다. 정적이지만 은근하게 뻗어나가는 생명력이 느껴지는 것이 신비롭다.

가장 위 기단부에는 역시 독특한 도상이 새겨져 있다. 8면이니까 팔부중이 새겨져 있을 법 한데도 여기에는 금강역사와 비슷한 신장상이 8구 새겨져 있다.⟨13-8⟩ 이들은 팔금강이다. 원래 금강역사는 두 구인데, 이렇게 8명의 금강역사로 확대된 것은 밀교의 영향이다. 이들 금강은 단순한 금강이 아니라 팔대보살의 화신이다. 주로 금강경을 설하는 법회를 하기 전에 자리를 호위하기 위해 팔금강을 불러 모시는 의식을 시행하면서 유행한 도상으로 생각되는데, 현재 우리나라에 남아있는 것은 대부분 조선후기의 그림으로서 전하는 것이고, 가장 오래된 것은 봉림사 목조아미타불좌상의 복장유물로 출토된 1339년작 ⟨금강반야바라밀경⟩의 삽화에 등장하는 팔금강을 들 수 있다.

회암사지 사리탑에서는 금강경 삽화나 조선후기 불화에 나타나는 팔금강도에 나타난 8구의 금강 도상이 모두 등장하는 것이 아니라, 하나의 도상을 두 번씩 반복 사용하여 결국에는 4개의 도상만 등장한다. 그리고 서로 같은 두 구씩은 거의 같은 형태여서 원래는 같은 초본에서 떠낸 것임을 짐작할 수 있다. 이들 도상은 분명히 조선후기 팔금강도에 유사하게 등장하고 있어서 그 시원적 형태임에는 의심의 여지가 없다.

그 하나는 몸을 심하게 뒤틀며 한손으로는 머리막기 자세를 하고, 한손으로는 검을 쥐고 있는 것이다.⟨13-9⟩ 두 번째는 한 손으로는 검의 손잡이를 잡고, 한 손으로는 날을 받치고 있는 자세⟨13-10⟩, 세 번째는 양손으로 검을 잡고 날을 바닥에 세운 자세, 마지막은 한 손을 허리에 얹고, 다른 손으로는 불꽃 같은 것을 손바닥 위에 얹어 받들고 있는 모습이다.⟨13-11⟩ 유사한 자세를 조선 후기의 8금강 도상에서도 찾아볼 수 있는데, 불꽃 대신 거대한 바위를 들고 있는 도상으로 대체된 것이 차이점이다.

이렇게 새로운 도상, 그리고 궁궐 건축에서 볼 수 있었던 것과 유사한 장식문양 등이 어우러진 이 진신사리탑을 승탑형태로 만든 이유에 대해 짚고 넘어가 보자. 회암사는 우리나라 조계종·천태종·태고종의 발전과 밀접한 연관을 가지고 있다. 이들 종파의 특색은 조사선祖師禪에서 찾아볼 수 있는데, 즉 스승의 종지를 가장 중요하게 생각하는 선풍이다. 그렇기 때문에 불상이나 탑보다도 자신의 스승을 마치 불상이나 탑 대하듯 숭앙했다. 스승이 곧 살아있는 부처였던 것이다. 그렇다고 석가모니를 완전히 무시한 것은 아니었다. 석가모니는 위대한 스승이었다. 왜냐하면 어떤 선종 승려든 자신의 스승인 조사가 있었고, 그 조사의 스승이 또 있었고, 스승의 스승이 있었고, 또 그 스승의 스승의 스승이 있었고, 이렇게 계속 그 연원을 거슬러 올라가다보면 결국 석가모니를 만나게 되는 것이었다. 그래서 석가모니는 '시아본사是我本師', 즉, '나의 근본 스승'으로서 존경을 받았던 것이다. 그렇다, 그들은 석가모니를 특별한 신적인 존재로서 숭앙한 것이 아니라, 위대한 승려로서 존경한 것이었다. 그래서 불탑과 승탑을 구분하지 않고 석가의 진신사리로 믿어진 그 사리를 스승의 무덤을 만드는 방식과 똑같은 방식으로 봉안한 것이다. 그 긴 시절이 지나고, 또 그렇게도 멀리 떨어진 이곳 조선 땅에서 어쩌면 석가모니 시절 인도의 그 모습대로 석가모니를 숭앙하고 있었던 것이다. 아무리 불교가 살아남기 위해 각각의 지역 문화를 반영하며 변신에 변신을 거듭했지만, 그럼에도 끊임없이 그 본질을 잃지 않고 탄력적으로 원래의 모습으로 되돌아왔던 그 힘이야말로 불교를 지탱한 저력이었다.

이제 보이지 않는가? 신들의 세계 속에 있는 붓다가 아니라, 지금의 나처럼 고민하고 번뇌했던 실존적 존재로서의 석가모니 부처님이 손에 잡히듯 바로 눈앞에 보이지 않는가?

승탑 미술의
바로크 스타일

|

문경 봉암사 지증대사탑

승탑 미술의 바로크 스타일
문경 봉암사 지증대사탑

문경 희양산 봉암사는 일반인들의 출입을 통제하는 매우 엄격한 사찰이다. 관광이나 등산을 온 사람이 아니라 오로지 스님들을 공양하기 위해 오는 신행단체들만이 출입할 수 있다는 원칙이 있다. 하지만 그 안에 있는 지증대사 적조탑〈14-1〉은 결코 빼놓을 수 없는 승탑 미술의 결정체라고 해도 과언이 아닌 아주 소중한 문화재이다.

지증대사탑 옆에는 지증대사의 행적을 칭송한 탑비가 있는데, 탑비를 이고 있는 귀부의 조각, 비석에 글씨를 새긴 솜씨, 그리고 빼어난 서체와 함께 문장을 쓴 사람은 고운 최치원이라는 점에서 굳이 이 비가 국보라는 말을 언급하지 않더라도 누구나 그 아우라를 느낄 수 있는 작품이다. 그 글에서 최치원은 이 봉암사의 풍경을 다음과 같이 언급했다.

> 산이 신령하여 갑옷 입은 기사가 호위하며 앞서는 듯한 기이한 형상이 있었는지라, 곧 석장을 짚고 나뭇꾼이 다니는 좁은 길로 빨리 가서 그 터를 두루 살펴보았다. 산이 사방에 병풍같이 둘러막고 있음을 보니, 붉은 봉황의 날개가 구름 속에 치켜 올라가는 듯하고 물이 백 겹으로 띠처럼 두른 것을 보니, 이무기가 허리를 돌에 대고 누운 것 같았다.

원래 지증대사탑의 주인공인 도헌道憲 824~882은 신라왕의 옹주로부터 엄청난 재물을 보시받고, 또 속가 시절의 상당했던 자신의 재산도 희사한 바 있는 꽤 잘 나가는 절에 살고 있었다. 그러니 그런 그에게 어느 날 갑자기 찾아와 지금의 봉암사터를 시주할 터이니 부디 그리로 옮겨와 살아달라는 이의

〈14-1〉 성철스님 이래 일반인들의 출입이 제한된 이곳 봉암사의 지증대사 적조탑은 승탑 미술의 완벽한 한 전형을 보여준다.

〈14-2〉적멸이란 완전히 사라짐을 의미한다. 불교에서 화장의 의미도 그 어떤 윤회의 씨앗조차 남기지 않겠다는 강한 의지의 반영이다.

청을 쉽게 받아들일 수 없었다. 하지만 하도 간곡하게 권하여 한번 보기나 하자는 심정으로 이 자리에 와보니, 과연 절이 들어서기에 더 이상 좋을 수 없는 조건이었던 것이다. 그래서 "절이 들어서지 않는다면 도둑의 소굴이 될 것이다"할 정도로 천연적으로 보호받고 있는 이 곳에 봉암사가 세워지게 되었다. 아마 갑옷 입은 기사가 이끄는 듯한 형상이라는 것은 사실 사람이 살기에 편안한 풍경은 아닌 듯 하다. 어쩌면 늘 사람을 긴장하게 하고, 자극하게 하여 구도의 길로 내모는 풍경인 것 같다. 실제 희양산이 그렇다. 그러나 봉황의 날개처럼 산들이 둘러서 있고, 물은 용이 똬리를 튼 것처럼 땅을 감싸고 돈다고 했으니, 그러한 긴장감 속에서도 차분히 수행을 할 수 있었으리라.

　　　　도헌은 신라말 9산선문의 하나인 희양산파를 창시한 인물로 알려져 있다. 그런데 그는 다른 선문의 창시자들과는 몇 가지 차이점이 있다. 첫째는 다른 창시자들이 대부분 중국 유학파인 반면, 그는 국내파라는 점이다. 최치원은 탑비에서 그가 유학을 다녀오지 않았음에도 도를 이룬 것은 그만큼 신라의

〈14-3〉 휘몰아치듯이 뒤틀리며 약간 불안정한 구도는 마치 바로크시대 미술을 보는 듯 하다.

〈14-4〉기단부를 이루는 야생의 세계. 맹렬하게 돌진해가는 사자를 묘사했다.

〈14-5〉마치 먹이를 향해 살금살금 다가가는 듯한 사자.

〈14-6〉 자신의 발을 물고 있는 장난기어린 사자. 사자를 직접 보기 어려웠던 조각가는 고양이를 모델로 사자를 만들어낸 것이 아닐까.

〈14-7〉 갈기를 휘날리며 천방지축 뛰노는 사자.

〈14-8〉물기둥 사이에 묘사된 가릉빈가 역시 퓨전적인 존재여서 지상과 천상을 연결해주는 역할을 한다. 그것은 역시 음악을 통해 이루어진다.

〈14-9〉 전통악기의 하나인 '박'을 연주하는 가릉빈가. 대개 음악의 시작과 끝을 알리는데 사용된다.

문화가 성숙했음을 의미하는 것이라며 신라를 칭송하는 것으로 비문을 시작했
을 정도였다. 그 스스로 유학파였던 최치원이 그렇게 칭송했다는 점에서 더 각
별한 느낌이 든다. 도헌이 두 번째 달랐던 점은 그가 국내파였다는 것과 연관이
있는 것인지 아닌지 모르겠지만, 다른 선문이 모두 남종선을 표방할 때, 그의
희양산문은 북종선을 추구했다는 것이다. 우리나라에는 도의선사를 통해 남종
선이 전해졌다면, 법랑에 의해서는 북종선이 전해졌다. 그리고 그가 길러낸 준
범遵範과 혜은慧隱 등이 바로 도헌의 스승이었다. 그러나 그는 한편으로는 도의
선사와 함께 중국에서 유학했던 남종선 계통의 혜소로부터도 사사를 받아서, 후
에 제자들은 그를 북종 계통보다는 혜소를 계승한 남종선의 선사로 분류되기를
더 원했던 것 같다. 설령 그가 남종선으로 분류된다고 하더라도, 여하간 북종선
의 전통 또한 가지고 있다는 점은 그의 특징 중 하나로 규정할 만하겠다.

　　　　흔히 북종선은 점수, 남종선은 돈오로 대별된다. 북종선은 깨달음
을 얻기 위해서는 몇가지 단계가 있고, 그 단계를 착실하게 밟아나가기 위해서는

〈14-10〉 피리를 부는 가릉빈가는 흥에 겨워 팔짝 뛰어오르고 있다.

체계적인 수행이 필요하다고 주장한다. 중국 선종의 5조 홍인의 법맥은 혜능에 의해 남과 북으로 나뉘기 전까지는 사실상 북종 신수에게 계승될 것이었다. 굴러온 돌에 박혔던 돌이 빠진 형국이라고나 할까. 일자무식인 혜능이 그러한 체계를 부정하고, 깨달음에는 어중간한 깨달음이 없으며, 아울러 그러한 깨달음에는 체계도 없고 규칙도 없고 오로지 번뜩이는 영감에 의해 이루어지는 것이라고 주장한 것이다. 내용만 듣고 보면 신수는 깨달음을 얻기 위해서는 글자 좀 알아야 한다는 것이고, 혜능은 그런 것은 필요 없다는 것인데, 실제 혜능은 깨달음을 얻은 뒤에도 글을 읽을 줄 몰랐다. 신수와 선시로 겨루며 벽에 쓴 시도 자신이 쓴 것이 아니라, 문자를 아는 동료에게 불러주고 쓰라고 시켰던 것이다. 선종이 혜능으로 기운 것은 어쩌면 글 못 읽는 일반 대중들의 폭발적인 인기를 얻었기 때문일지도 모르겠다.

　　　그런데 필자는 이 선종의 남·북 분열의 이야기를 다루고 있는 『육조단경』을 보며 왠지 이 신수라는 2인자에게 매력을 느낀다. 홍인으로부터 가사와

〈14-11〉 망망대해에서 천상의 세계로 솟구치는 듯한 물기둥의 형상이다. 무질서의 세계를 질서의 세계로 이어주는 역할이다.

발우를 이어받은 혜능을 제거하려고 했던 것은 신수가 아니었고, 그저 신수의 열렬 팬이었다. 신수는 자신이 게임에서 진 뒤에도 끊임없이 그 패인을 알고 싶어했다. 그래서 몇 번에 걸쳐 자신의 제자를 몰래 혜능이 법을 설하는 자리에 보내 도대체 그 인기의 원인이 무엇인지 알아오라고 지시했다. 하지만 그때 마다 그 못된 제자들은 혜능의 설법을 듣고는 곧바로 혜능의 제자가 되기로 배신했기 때문에 신수는 그 궁금증을 속시원히 풀 수 없었다. 비록 신수가 패자였지만, 그의 인생이 내리막인 것은 아니었다. 오히려 그는 측천무후의 융숭한 대접을 받으며 당시의 눈으로 보기에는 오히려 성공한 승려였고, 승자는 그였다. 마치 모차르트와 살리에리의 이야기를 보는 것 같지 않은가. 그러나 신수는 그런 성공에 만족하지 못하고, 끊임없이 혜능을 벤치마킹하려고 했다. 그러나 역사적으로 북종선은 마이너로 전락하고 남종선이 메이저가 되었다.

역사적 승자인 포퓰리스트 혜능의 시각으로부터 벗어나 신수를 바라보자. 사실 그는 불교에 있어 온건한 개혁자였다. 다시 말해 교종으로부터의 선종적 혁명에 있어서 교종의 장점을 이어받아 개혁하려던 중도개혁파였다. 그에 반해 혜능은 급진적 혁명가였다. 또한 신수의 체계는 마치 초·중·고등학교를 거쳐 대학으로 진학하듯이 누구나 열심히 노력하면 할 수 있고 검증할 수 있는 과정이었던 반면, 혜능의 수행은 대중적인 것 같지만, 사실상 밑도 끝도 없고, 오히려 천재들끼리나 알아볼 수 있는 그런 암호 같은 수행이었다. 설령 혜능의 수행이 붓다의 깨달음과 더 비슷했다고 하더라도, 어디 우리가 붓다인가? 나는 오히려 혜능의 불교야말로 극소수 천재의 완벽한 깨달음을 위한 불교요, 신수야말로 누구나 따라하면 완전히는 아니라도 어느 정도 성과를 볼 수 있는 보통사람들의 불교라고 생각한다. 천재라고 생각하는 사람은 혜능을, 보통사람이라고 생각하는 사람은 신수를 따르면 된다. 하지만 아마 대부분의 사람들은 자신을 천재라고 생각하고 혜능의 길을 따라 걸었던 것 같다.

도헌은 처음 출가하면서 부석사의 화엄승려 범체梵體에게 계를 받았는데, 아마 이 때의 화엄에 대한 기초를 그는 늘 간직하고 있었던 것 같다. 그 위에 선종을 결합하여 신라 고유의 북종선을 확립하려고 했던 것이 아니었을까. 그는 원래 제자도 받지 않고, 혼자 깨달음을 추구하려고 했었다. 어느 날 산길에서 만난 나무꾼으로부터 "자신이 깨달은 내용을 다른 사람과 공유하지 않는 것이 참된 법인가!"라는 일침을 듣고 제자를 받아 가르치기 시작했다. 이것은 정각을 이룬 직후 붓다가 깨달음의 내용을 대중에게 말하지 않고 스스로 음미만하고 계실 때 범천이 간곡히 권유하여 비로소 설법을 하게 되었다는 인도의 오랜 신화를 패러디한 느낌이 든다. 도헌의 깨달음을 화엄정각의 깨달음에 비유코자 했던 것이 아닐까.

그런 배경을 가지고 도헌의 승탑인 적조탑을 살펴보자. '적조寂照'란 직역하자면 '고요하게 비춘다'는 의미인데, 단순히 그런 뜻만은 아니다. 이를 알기 위해서는 '적멸寂滅'을 먼저 이해해야 한다. '적멸'에서 '적'은 고요하다기 보다는 '완전한'의 의미가 더 강하다. 완전하게 꺼졌다는 의미인데, 즉 모든 번뇌가 완전히 꺼져서 해탈했다는 의미가 된다. 죽음이다. 비슷한 말은 '마하빠리니르바나', 즉 '대반열반'이다. 열반은 태워없애는 것인데, 번뇌를 '대반' 즉 완전하게 태워 없앴다는 것이다. 나무가 다 타고 숯이 되어 있을 때를 보면 '적멸'의 의미를 알 수 있다. 활활 타는 것은 범부가 번뇌를 태울 때의 모습이다. 그러나 경지에 다다르면 하얗게 변한 재 속에서 숯불이 조금씩 남아 조용히 타들어가는 것처럼 불씨가 남아있다가 육신마저 사라질 때 그야말로 조용히 꺼져버리는 것이다. 그것이 완전히 타버리는 것이고 적멸이다.〈14-2〉

〈14-12〉 중대석
에는 향로와 함께
현악과 관악기를 연
주하는 천인들이 묘
사되어 있다. 월금을
연주하는 이 천인은
음악에 자신의 감정
을 몰입하고 있는
듯 하다.

〈14-13〉이들이
연주하는 음악은 화
음을 이루며 조화와
질서의 세계를 청각
적으로 재현해주고
있다.

그러나 붓다는 그렇게 꺼져버림으로써만 끝난 것이 아니었다. '적멸'은 곧 '적광'이 되었다. '적광'이란 또 무엇인가. 빛은 빛인데, 태양처럼 아주 밝으면서도 눈이 부시거나 뜨겁지 않은 그런 빛이다. 번뇌의 불꽃은 지혜의 빛으로 완전히 승화된 것이다. 적멸보궁이 블랙홀이라면 대적광전은 화이트홀이다. 통도사의 진신사리 금강계단 앞 불전에 대적광전과 적멸보궁의 현판이 함께 걸려있는 것은 마치 동전의 앞뒷면과 같은 이치이기 때문이다.

그런데 선가에서는 자신들의 스승에게 부처의 '적광'을 패러디한 '적조'라는 표현을 사용하여 그들의 죽음을 승화시키고자 했다. 죽음을 죽음으로 보지 않고, 비록 아무 말씀도 없지만 조용히 자신들의 가야할 길을 비추고 있는 스승을 하나의 등불로 보고자 했던 것이 아닌가 싶다.

지증대사탑을 보면 꼭 북종의 점수, 즉 '점차 깨달음으로 나아감'이 떠오른다. 다른 선종조사들의 승탑에 비해 이 적조탑은 화려함에 있어서는 첫째로 꼽힌다. 그것은 단계를 밟아 한걸음 한걸음 나아가는 방식이 여기서 마치 한땀 한땀 정성들여 축조해나간 시각적 이미지로 표현된 듯한 느낌이 들기 때문이다. 일체의 파격도, 일체의 생략도 없이 누구나 가만히 앉아서 보면 다 들여다보일 것 같은 섬세함으로 우리에게 자상하게 이야기를 전해주고 있다.

이 제한된 승탑 안에 생략없이 가득 묘사된 신상들을 보고 있노라면 바로크 시대 화려하게 치장된 교회건축 안에 들어온 느낌이 든다. 언뜻 이 탑은 비례면에서 불안정해 보일 수도 있는데, 그것은 기단부·탑신부·옥개석이 거의 같은 비중을 가지고 있을 뿐만 아니라, 그 사이 사이에 끼어있는 부재들도 단순히 끼어있다는 느낌을 넘어서 그 자체로서 독립된 역할을 하고 있는 것처럼 보인다. 그래서 이 탑은 '불안정'하다고 볼 수도 있다. 하지만 그것은 의도된 불안정이 아닌가 싶다. 그래서 바로크라고 한 것이다.〈14-3〉 뒤틀리고 불안정한, 역동적인 바로크 미술 말이다. 탑의 부분 부분이 마치 자기가 중심인 것처럼 불협화음을 내면서도 조화를 이루는 것은 바로크 음악의 푸가를 듣는 듯하다. 그렇기 때문에 다양한 장엄이 들어설 충분한 공간을 확보한 것이다.

아래에서부터 살펴보면 우선 팔각형 기단부의 가장 하단에는 여덟 마리의 사자가 돌아가며 새겨졌다. 맹렬하게 달려가는 사자〈14-4〉, 살금살금

〈14-14〉
마치 탑 안쪽에 연잎이 피어있고, 그 위에 세발 달린 쟁반이, 그리고 다시 그 위에 향로가 올라가 있는 모습을 들여다보는 것 같은 느낌이 든다.

먹이를 향해 다가가는 사자〈14-5〉, 자신의 앞발을 핥고있는 사자〈14-6〉, 천방지축 뛰노는 사자〈14-7〉 등등 사자들은 관람자의 시선은 의식하지 못한 채 그 안에서 뛰어다니기 바쁘다. 이 층은 아마도 축생의 세계를 나타낸 듯 하다. 그 위로는 휘몰아치는 파도가 묘사되고 있고, 다시 그 위로 가릉빈가, 즉, 하체는 새이고 상체는 인간인 음악의 신들이 묘사되었다.〈14-8, 14-9, 14-10〉 이들은 꼬리가 매우 크게 강조되어 있는 특징이 있고, 피리를 부는 어떤 가릉빈가는 양쪽 발을 모

〈14-15〉 향공양을 하는 천인. 자신의 모든 것을 담아 공양하는 신심을 다소곳하고 단정한 자세를 통해 엿볼 수 있다. ▶

두 깡총 뛰고 있는 것이 경쾌하기 그지없다. 이들 가릉빈가가 위치한 각각의 면 사이사이에는 마치 물기둥이 솟아오르는 것처럼 물결문양의 기둥이 새겨져 있다.〈14-11〉 여기까지는 이 물결문양의 모티프를 통해 혼돈과 무질서의 자연을 그대로 드러내고 있고, 그 위부터는 정돈된 세계를 보여준다. 부재는 반듯반듯하게 다듬어져 있고, 등장하는 인물들은 온전한 사람 모습의 천인들이다. 그들도 악기를 연주하고 있는데, 굴산사지 승탑의 오케스트라를 방불케하는 본격적인 관현악 구성을 보여준다.〈14-12, 14-13〉 음악이란 본디 화성과 조화를 근간에 두고 있으므로, 여기서부터는 질서와 통일의 세계를 보여주는 것이다. 그리고 아마도 정면이라고 생각되는 곳에는 화려한 향로가 새겨져 있다.〈14-14〉 넓은 연잎 위로 네 개의 다리를 가진 쟁반이 놓였고, 그 쟁반에서 다시 한줄기 기둥이 있어서 그 위로 연판 장식에 얹힌 둥근 모양의 향로가 있으며, 이 향로는 연잎을 닮은 지붕으로 덮여있다. 그리고 지붕 추녀 끝마다 테슬 같은 장식이 늘어져 있다. 어쩌면 이것은 향로가 아니라 사리를 모신 사리기일 수도 있다. 사실 이런 형태의 신라시대 향로는 아직 발견된 바 없다. 그러나 백제의 능산리 출토 금동용봉봉래산향로와 비교해보면 모양은 다르지만, 다리 부분, 동체 부분, 뚜껑 부분으로 나뉠 수 있는 것이 닮아있다. 백제 금동향로처럼 어디선가 이런 신라의 향로가 진흙 속에서 발굴될 날도 있지 않을까 기대해본다. 아마도 향로 양 옆에 앉아있는 천인은 향로 안에 향을 넣으려고 하는 것으로 보인다. 조심스런 마음가짐을 느낄 수 있다.〈14-15〉

다시 그 위로는 질서정연한 연꽃의 세계가 펼쳐지는데, 자연이지만 자연이지 않은, 화엄의 이사무애의 세상, 다시 말해 인위적 질서와 자연의 무질서가 조화를 이룬 것 같은 연꽃이다. 그리고 이 연꽃은 탑신을 떠받치고 있는데, 탑신에는 범천, 제석천과 사천왕, 그리고 탑 안으로 들어가는 문이 앞뒤로 새겨졌다. 여기서 범천은 '불자'라는 먼지떨이처럼 생긴 지물을, 제석천은 그의 무기인 번개를 상징하는 금강저를 들고 있다. 음악을 연주하는 천인과 가릉빈가가 흥겨운 반면, 이들은 사리를 바로 옆에서 모신다는 의무감 때문인지 무척이나 경건해 보인다.〈14-16〉 제석천을 제외하고는 모두 갑옷을 입었는데, 갑옷의 이음새 하나하나가 보일 정도로 세밀하고 범·제석의 관모는 분해할 수 있을 정도로 정교하다. 앞서 잠시 말했지만 누가 '점수'의 지증대사 아니랄까봐 그

〈14-16〉 기단부에 묘사된 상들이 마치 열반을 환희로 맞이하듯 역동적인데 반해 탑신의 사천왕은 보다 침묵에 잠겨있어 엄숙하고 경건한 느낌을 준다.

야말로 차근차근 한땀 한땀 정성들여 조각한 것이 마치 고려불화의 정교함을 보는 듯 하다. 이렇듯 돌에 정교하게 새긴 것도 놀랍고, 그것이 이처럼 생생하게 남아있다는 것도 놀랍다.

그 위로는 목조건축을 간략하게 모방한 기둥과 공포를 위로 뻗어 올리며 경쾌하고도 육중한 지붕을 얹었다.〈14-17〉 꽤 길게 뻗어낸 서까래는 마치 이 탑의 이름 '적조'를 상징하듯 사방으로 조용히 뻗어나가는 빛처럼 보인다. 도헌은 그 빛을 타고 승천하고 있는 것 같다. 도헌이 꿈꾸었던 '점수' 뒤에 찾아오는 깨달음의 세계는 아마 이 승탑의 지붕처럼 찬란하고 시원시원했을 것이다. 우리나라 승탑 중에 가장 정교하고 섬세한 이 탑이야말로 지금은 사라져버린 북종선 미술의 미학을 대변하는 것이 아닐까.

끝으로 한 가지 우연의 일치인지 필연인지 모를 역사적인 일이 있다. 봉암사가 지금처럼 철저한 수행의 상징이 된 것은 입적하신지 이미 몇 년 되셨지만 아직까지 변함없이 많은 불자들에게 존경받고 있는 성철 큰스님이 청담 스님 등과 1947년 이곳에서 결사, 즉 "부처님 말씀하셨던 법대로 살아보자"는 불교쇄신운동을 펼쳤을 때부터였다. 그런데 성철스님이 주창한 선의 특징은 무엇인가? 바로 돈오돈수였다. 지눌이 북종의 점수와 남종의 돈오를 결합하여 돈오점수를 주장한데 대한 비판이었다. 사실 '돈오돈수'가 과연 무슨 뜻인지에 대해서는 너무나 많은 견해가 있어서 설명하기가 어렵고 또 그에 대한 비판도 만만찮다. 성철스님의 진의 역시 무엇인지 정확하지 않다. '돈오돈수'를 '완벽한 깨달음에 일시에 이른다'고 해석하는 경우도 있으나 여기에는 부족함이 있다. 그것은 그저 '돈오'라는 말로도 충분하다. 그런데 '돈수'는 무엇인가. 어떻게 노력하는데에 일시적인 노력이 있을 수 있는가. 그저 지증대사의 가르침이 서려 있는 봉암사에서 그런 아이디어가 나왔다는 것을 염두에 둔다면 '돈수'는 북종선의 '점수'에 대한 새로운 해석이다. 그 수행은 경전이나 의식이나 예불에 있는 것이 아니라, 자신만의 방법을 찾는데 있는 것이다. 깨달음은 그 자체로서도 완벽한 것이지만, 인간으로서 육체를 가지고 있는 한 결코 완전한 '대반열반'이 될 수는 없다. 열반을 이룬 자가 육신이 사라지기 전까지 어떻게 살아야 하는가. 어쩌면 붓다께서 보드가야에서 정각을 이루신 후 열반에 드시기 전까지 행하신 모든 일들이 바로 '돈수'가 아니었을까. 순간적 찰나찰나의 시간 속에 존재하는 인간이 아무리 지속적으로 노력한다고 하지만, 그것 역시 결국은 '돈수'의 연속에 불과한 것은 아니었을까?

　　　성철 스님의 독특한 '돈수'는 여하간 봉암사에서 이루어졌고, 어쩌면 그것은 국내파 북종선의 거두 지증대사 도헌이 이룩하고자 했던 우리 고유의 선사상 바로 그것이었을지도 모른다.

〈14-17〉 웅장한 목조건축의 형식을 그대로 돌에 옮겨 놓았다. 처마의 선이 장쾌하다.

숨은 그림을
찾아보자

|

공주 갑사 승탑

숨은 그림을 찾아보자

공주 갑사 승탑

　　승탑의 생김새는 언뜻 단순한 것 같지만, 사실 그 안에는 많은 것들이 하나의 이야기를 가지고 녹아들어가 있다. 그래서 찬찬히 살펴보면 스토리텔링이 가능해진다. 갑사의 승탑은⟨15-1⟩ 원래 갑사 뒤편 계룡산 수정봉 아래 중사자암에 쓰러져 있던 것을 1917년 갑사 경내로 옮겨왔고, 지금은 대적전 앞에 세워져 있다. 이것이 누구의 승탑인지는 알려져 있지 않다. 따라서 갑사라는 절의 내력과 이 승탑이 세워진 시기 등을 추정하여 이 승탑의 성격을 추정해보는 수 밖에 없다.

　　갑사는 420년경에 고구려의 승려 아도가 지었다고 전한다. 아도라는 인물은 매우 수수께끼 같은 인물이다. 우선 고구려에 372년 처음 불교를 전해준 전진의 승려 순도 다음으로 2년 뒤에 고구려에 입국하여 불교를 전하고 고구려 최초의 사찰인 이불란사와 초문사 중에서 바로 이불란사에 머물렀다고 하는 그 아도가 있다. 다음으로는 이보다 훨씬 이른 시기로서 3세기 중반 고구려에 사신으로 왔던 위나라의 아굴마와 고구려 여인 고도령 사이에 난 아도라는 인물로서 이 아도는 미추왕 2년263에 신라에 건너가 처음으로 불교를 전했다고 한다.

　　그런데 신라에는 그 외에 또 다른 승려의 전법 기사가 전한다. 『삼국사기』에 의하면 눌지왕417~458 때 묵호자라는 승려가 고구려에서 왔는데 처음에는 신라 사람들에게 인도에서 전래된 향의 사용법을 알려주고 왕녀의 난치병을 치료해주어 왕으로부터 존중을 받았으며, 흥륜사와 영흥사 등의 창건에 관여했다고 전해지지만 왕의 사후에는 반대세력들의 위협을 피해 모례라는 사람의 집에 숨어들어가 살았다고 한다. 그의 사후인 비처왕479~500 때에 아도라는

〈15-1〉 마치 거대한 휘핑크림을 뚫고 솟아오른 것 같은 느낌을 주는 갑사 승탑. 열반이란 죽음이 아니라 더 높은 곳을 향한 승화임을 보여주고 싶었던 것일까.

〈15-2〉 이 그로테스크한 기단부는 마치 우주 창생의 재료들을 휘저으면서 탑이라고 하는 인공적인 구조체를 뽑아내고 있는 것 같다.

인물이 다시 모례의 집을 찾아왔는데 묵호자와 모습이 비슷하였으며, 그의 제자 세 명은 각각 법·률·론의 삼장을 전했다고 한다. 일반적으로 묵호자와 아도는 동일 인물인 것으로 보고 있다. 한편으로는 고성 건봉사도 아도가 법흥왕대에 창건한 사찰이라고 하는데 그렇다면 고구려에서 온 아도라고 하기에는 연대가 너무 내려온다.

　　　　이들 아도의 다양한 모습은 연대적으로 큰 차이를 지니고 있기도 하고, 이름도 다르게 불리고 있지만, 여하간 신라의 불교가 고구려로부터 큰 영향을 받았다는 것만큼은 공통적으로 다루고 있다. 아도는 한편으로는 위나라, 혹은 진나라에서 온 승려로, 혹은 중국인과 고구려인 사이에 태어난 인물로도 보고 있고, 『해동고승전』에서는 아예 인도나 실크로드에서 온 인물로 해석하기도 한다. 따라서 외국과 직간접적인 연관이 있는 인물이라는 공통점이 있다.

　　　　갑사의 창건은 아도가 신라에서의 포교를 마치고 고구려로 돌아가는 길에 계룡산에서 상서로운 빛이 솟아나는 것을 보고 절을 세웠던 것이 시

〈15-3〉 자신의 발을 핥고 있는 것 같은 사자는 천진난만해 보인다. 입체감이 강조된 부조로 표현되어 금방이라도 튀어 나올 것 같다.

초였다고 전한다. 그렇다면 그는 삼국의 모든 나라에 있어 불교전래에 공헌한 매우 중요한 승려였던 셈이다. 대략 370년대에 고구려에서 활동했던 승려이므로 420년이면 50여년 이후가 된다.

백제에도 384년에 이미 동진으로부터 승려 마라난타가 건너와 불교를 전했으므로 다양한 역사 속의 아도에게는 또 하나의 공통점이 보이는데, 바로 2인자로서의 그의 입지이다. 고구려에서는 순도 다음으로, 신라에서는 묵호자 다음으로, 백제에서는 마라난타 다음으로 불교를 전파한 사람이다. 비록 묵호자와 아도가 같은 사람이 아닐까 하는 견해도 있지만, 그렇더라도 이런 복잡한 설화가 전래된 것은 어느 경우든 그가 삼국에서 상당히 알려진 인물이었고, 삼국의 초기불교사회에서 그와 간접적으로나마 연관됨으로써 어떤 정통성 같은 것을 부여받으려고 했었다는 것을 짐작케되는 것이다. 참고로 아도화상의 승탑이라고 전하는 탑이 구미 도리사에 세워져 있다. 그러나 정확히 언제쯤 세워진 탑인지는 다소 불명확하다.

여하간 갑사의 창건은 백제 때 세워진 것으로 전해지고 무령왕, 위덕왕대에 대형가람으로 번창했으며, 백제가 멸망한 뒤에도 의상에 의해 화엄 10찰 중의 하나가 되어 명맥을 유지했던 것을 알 수 있다. 이후 정유재란 때 사찰이 불타기 전까지는 계속 그 사세를 이어나갔던 것으로 보인다. 아쉽게도 고려시대와 관련한 기사는 특기할만한 것이 많이 남아있지 않다. 다만 887년 낭혜대사 무염이 이 절을 중창했다는 기록이 있는데, 무염은 성주산문의 개조이기도 하므로, 갑사의 이 승탑을 통일신라말~고려초에 세워진 것으로 본다면 이 무염의 제자 정도 되는 선사의 탑일 것이라고 추정해볼 수 있을 것이다. 무염은 특히 중국에 유학을 다녀왔을 뿐 아니라 보령에서는 성주사를 창건하였고, 상주에서는 심묘사의 주지를 지내는 등, 중국과 옛 백제지역, 그리고 신라를 오가며 활동한 이력이 있으니, 그 삶이 마치 아도의 삶처럼 구름 같았던 것 같다. 혹여 그의 흔적이나 최소한 그의 제자뻘되는 선사의 흔적이 이 탑에 남아있지는 않는 것일까.

우선 이 승탑에서 눈에 가장 먼저 띄는 부분은 하대석 부분〈15-2〉이다. 2단으로 된 하대석은 매우 깊게 조각된 동물과 구름으로 휘감겨 있는데 그 휘몰아치는 듯한 표현이 매우 격정적이고 역동적이다. 8각형의 지대석 위에 놓인 하대석에는 사자들이 묘사되었는데, 정원의 풀 숲에서 한가로이 쉬는 듯한 느낌을 주며 한 마리 잡아서 들어 올릴 수 있을 것처럼 입체적으로 표현되었다. 자기 몸을 핥고 있는 것처럼 보이기도 하고, 자기 발을 깨물고 있는 것처럼 보이기도 한다.〈15-3〉 생김새는 무섭지만 왠지 길들여진 사자들이라는 느낌이 강하게 오는데, 아니나 다를까, 자세히 살펴보면 그 사자들 중 한 마리는 어떤 남자와 함께 묘사되어 있다는 것을 발견할 수 있다. 이 사람은 아마도 조련사일 것이다. 실제로 돈황 막고굴의 오래된 벽화 속에서도 사자와 함께 이러한 사자의 고삐를 붙잡은 힘센 조련사들이 함께 표현되는 경우를 볼 수 있다. 사자는 특히 화엄신앙이 유행하면서 문수보살이 앉는 자리로 널리 유행하게 되었는데, 이 때도 역시 말 옆에 마부가 있는 것처럼 사자를 통제하는 인물이 함께 표현된 경우를 많이 볼 수 있다. 엄숙한 승려의 열반 앞에서 소란을 피우면 안 되기 때문일까? 그래서 동물의 제왕들마저도 여기서는 길들여진 고양이 같아 보인다.

그 위의 대석에는 구름이 마치 파도처럼 일렁이고 있다. 특히 모

〈15-4〉 소용돌이치는 구름 사이로 살짝 모습을 드러낸 용의 발. 숨바꼭질을 하자는 것 같다.

서리 부분에서는 더 위로 솟구치려는 것처럼 강하게 돌출되어 있어서 언뜻 고
승의 열반으로 인한 슬픔을 드넓은 자연마저 주체하지 못하고 마치 고승을 따
라 하늘로 오르려는 듯한 격정을 뿜어내고 있는 것처럼 느껴진다. 그런데 가만
히 이 휘몰아치는 구름을 살펴보면 단순한 구름이 아님을 알 수 있다. 언뜻언뜻
동물의 다리 같은 것이 보이나 싶더니 역시 구름 사이로 용이 꿈틀거리며 나타
났다 사라졌다 하고 있는 것이 아닌가!〈15-4〉 그러면서도 막상 중요한 용의 머
리는 표현되지 않았다. 당연히 표현해야할 것 같은 용머리는 막상 생략해버렸지
만 그럼에도 여기서는 표현하지 않음으로써 사람들로 하여금 궁금증을 자아내

〈15-5〉 소줏을 든 끝내 얼굴은 보이지 않고 공손히 두 발로 보주를 건네는 용의 모습에서 애틋하고 아련함이 느껴진다.

〈15-6〉 중대석에는 마치 피어오르는 구름을 타고 있는 것처럼 보이는 천인들이 악기를 연주하고 있는 모습을 일곱 면에 돌아가며 새겼다.

〈15-7〉 일곱명의 천인들이 향로를 둘러싸고 앉아 내는 화음에 귀기울여 보자.

게 하면서 신비로움을 느끼게 하고 있는 것이다. 우리도 왠지 너무 선명한 UFO 사진을 보면 조작사진이 아닌가 의심하게 되는 것처럼 너무 자신을 드러낸 용은 그저 장식적인 용도로서의 용으로만 느껴지지만, 갑사 승탑의 용은 마치 정말로 우리와 숨바꼭질을 하고 있는 것처럼 보여서 우리가 막 찾아서 뒤쫓아 다녀야할 것 같은 표현인 것이다. 누군지는 모르지만 작가는 자신의 노동력을 줄이면서도 효과는 극대화했으니 무척이나 꾀많은 작가임에 틀림없다. 더군다나 이렇게 용과 구름을 뒤섞어 놓으니 그 딱딱한 돌마저도 정말 용이 숨을 수 있는 부드러운 구름처럼 보이는 것이 아닌가? 이 구름을 솜사탕 같다고 하면 조금 과장이겠지만, 그래도 마시멜로 정도로 포근하게는 보인다.

운룡, 즉 구름과 용 모티프의 하이라이트는 용이 두 손 고이 모아 보주를 구름 밖으로 내미는 장면에 있다.〈15-5〉 그것도 연잎 같은 것으로 소중히 감싸서 내놓고 있다. 무엇을 말하는 것일까? 슬픔에서인지 부끄러움에서인지 얼굴은 내밀지 못하고 수줍은 듯 내놓는 이 구슬은 용의 눈물인지, 구름에서 뽑아낸 진주이슬인지 알 수 없으나 마치 어서 자신을 대신하여 스님께 공양하라고 우리에게 건네는 것 같다. 스님을 사모했지만 결코 이루어질 수 없는 사랑을 했던 부석사의 선묘와 같은 용이었을까? 너무 사랑한 나머지 차마 짐승의 몸으로 다가설 수 없어서 우리에게 전해달라고 부탁을 하는 것인가?

한편 사자가 있는 하대석과 그 위의 운룡문 대석 사이에는 때때로 물이 고여 있는데, 조각의 입체감이 너무 깊다보니 그렇게 된 것이다. 하지만 한쪽으로는 사자의 등 위로 물이 빠져나갈 수 있는 길을 만들어 놓아서 설령 비가 많이 오더라도 너무 많은 물이 고이지 않도록 하고 있음을 볼 수 있다. 지금의 생각 같아서는 그 물이 고인 곳에 아로마라도 부어서 용맹정진하는 스님의 머리를 맑게 해드리는 향유공양이라도 하고 싶지만, 이 탑이 세워질 때에 그런 의도를 가지고 만들었는지 아닌지는 알 수 없는 일이다. 당시에도 향유라는 것은 있었겠지만, 이런 용도로 쓰였다는 기록은 아직 찾지 못했다.

그 위로는 중대석이 놓여있는데, 팔각의 받침을 두고 그 위에 팔각의 모서리마다 마치 보주를 품은 듯한 꽃망울이 피어올라 있는데, 이것은 아까 용이 우리에게 건네주었던 바로 그 보주처럼 생겼다. 성탄절 트리에 구슬장식을

〈15-8〉중대석의 한 면에는 이렇게 향로가 봉안되었는데, 마치 실제 향로를 올려놓은 듯 입체감이 뛰어나며 장식이 풍부하다.

매다는 것처럼, 용도 그렇게 건네준 구슬로 우리가 탑을 장엄하기를 원했나보다. 이 보주장식 사이사이로는 주악비천이 자리잡고 있다. 들고 있는 악기들도 분명하게 보일 정도로 깊이있는 양감으로 조각되었다. 그러고 보면 이들 주악비천들은 마치 구름 위에 올라탄 존재들처럼 보인다. 소용돌이치는 구름 위에 붕 떠서 음악을 연주하고 있는 것이다.〈15-6, 15-7〉그리고 모서리의 보주들도 마치 구름이 변해 꽃이 되어가는 것처럼 금방이라도 꽃망울을 터뜨릴 것 같다.

　　중대석의 오직 한 면에는 향로가 새겨져 있다.〈15-8〉동글동글하고 단단하게 생긴 네 발 달린 향로로 보이는데 몸통에는 화려한 장식이 걸려있다. 또한 향로를 받치는 접시도 둘레에 한번씩 옴폭하게 들어가게 만든 연꽃 잎사귀 모양으로 세밀하게 묘사되어 있다. 이 역시 입체감이 뛰어나서 그대로 떼어낼 수 있을 것만 같다. 어쩌면 승탑을 감싸고 있는 구름들은 이 향로에서 뿜어져 나오는 것일지도 모르겠다. 말하자면 이 향로가 이 승탑의 엔진인 셈이다.

　　　다시 그 위로는 전형적인 팔각원당형의 승탑 탑신이 올려져 있는데, 다소 특이한 것은 탑신을 받치고 있는 상대석이 보통은 앙련의 형태로서 아랫면에 부조되어 있는데, 여기서는 마치 상대석이 뒤집어진 것처럼 아랫면에는 연판이 없고, 복련의 형태로 되어 있다는 것이다. 한번쯤 뒤집어서 다시 조립했을 때의 경우를 상상해볼 수도 있겠지만, 정확히는 알 수 없다. 여하간 하대석부터 상대석 아래 부분까지의 역동적이고 격렬한 표현과 달리 탑신부는 매우 단출하고 고요하게 표현되었다. 8개의 면에는 사천왕과 네 개의 문비가 번갈아가며 새겨져 있다. 여기의 사천왕은 악귀를 밟고 있지 않고 구름을 타고 있다.〈15-9〉이는 마치 이 탑 전체가 구름에 의해 떠받쳐지고 있다는 것을 나타내는 공통된 모티프라는 생각이 든다.

　　　사천왕 중 북방천왕으로 보이는 조각은 비사문천처럼 높은 보관을 쓰고 오른손에는 삼지창을, 왼손에는 보탑을 들고 있다.〈15-10〉이들 사천왕들은 탑의 다른 부조들과 마찬가지로 양감이 풍부한 편이다. 문비에 달린 자물쇠도 별도로 만들어 붙인 것처럼 입체감과 정교함이 잘 어우러져 있다.

　　　탑의 옥개석은 처마를 길게 내밀지 않아서 단출한 편인데, 하단부의 강렬한 표현과 이 옥개석의 단출함이 균형이 맞지 않는다 하여 이 탑의 조형성을 다소 낮춰보는 설명도 종종 보인다. 그렇게 보는 것도 무리는 아니지만, 오히려 이 탑의 매력은 그런 강한 대조적인 양상에 있는 것이 아닐까 생각된다. 한편으로는 격정적이고 한편으로는 초연한 모습이 더더욱 이 고승의 입적을 극적으로 승화시키는 것으로 느껴지기 때문이다. 그래서일까, 처마를 우아하게 길게 내뻗는 대신, 이 옥개석은 직선적이다.〈15-12〉마치 스님이 단호하게 세상의 번뇌와 미련을 내쳐버렸을 때의 모습을 보는 듯 하다. 하지만 매우 섬세한 기왓골과 내림마루의 미묘한 곡선은 이러한 짧고 강인한 지붕선이 부족한 예술성에서 기인한 것이 아니라 매우 의도적인 것이라는 점을 암시적으로 보여주고 있다. 탑신과 옥개의 처마를 이어주는 공포부재의 표현 역시 직선으로 뻗어가다가 썰매의 다리처럼 힘있게 구부러지는 모습이 은근히 탄력적이다. 아마 용의 입장에서는 자신을 뒤돌아보지 않는 이 스님이 '나쁜 남자' 컨셉이었을 것이다. 그럼에

〈15-9〉 구름 위에 떠있는 것 같은 분위기를 자아내는 탑의 전체 컨셉에 맞춰 사천왕도 악귀 대신에 구름을 타고 있다.

〈15-10〉 탑신에 새겨진 사천왕 중에서 창을 들고 있는 사천왕이 북방다문천으로 보인다. ▶

〈15-11〉 아마도 흰 수염이 더부룩하게 난 이 천왕은 동방 지국천일 가능성이 있다.

〈15-12〉 우아하게 내뻗지 않고 짧게 끊어진 듯 강렬하고 직선적으로 처리된 처마는 목조건축을 충실히 재현하면서도 단호하고 초탈한 승려의 인품을 반영하는 듯 하다.

도 이 은은한 섬세함과 탄력감이 그토록 이 스님을 사랑하게끔 만들었나 보다.

　　　아마도 가장 맨 위에 올려진 보주는 이 탑을 1917년에 옮겨오면서 새로 만들어 올린 것 같다. 나름대로는 연꽃을 만들어 화룡점정을 이루려고 했던 것 같지만, 왠지 그리 어울리지 않는다. 이 탑은 단순해 보이지만, 들여다보면 단순하지 않다. 지금의 보주는 그냥 단순하기만 하다. 이 승탑을 만든 센스쟁이 장인의 끝마무리는 원래 어떤 것이었을까 몹시나 궁금하다.

　　　이제 용과의 숨바꼭질이 끝났으면 걸음을 옮기자. 갑사에는 볼 것이 많다. 하지만 잊지 마시길… 용이 건넨 보주는 꼭 스님께 전해드리고 가자.

승탑의 고전을
완성하다

화순 쌍봉사 철감선사탑

승탑의 고전을 완성하다

화순 쌍봉사 철감선사탑

전라남도 화순의 쌍봉사는 목조탑파처럼 생긴 대웅전이 유명한데, 아쉽게도 화재로 불타고 지금은 똑같은 모습으로 복원된 건축이 서있다. 다행히도 철저한 고증으로 복원한 것이기에 원래의 대웅전의 위용을 감상하기에 부족함이 없다. 여하간 우리의 주제인 승탑은 철감선사탑인데, 절 한 쪽 양지바른 얕은 경사면에 모셔져 있다.〈16-1〉

철감선사 도윤道允 797~868은 육두품의 향족 출신으로 아주 높은 집안 출신은 아니었다. 18세에 출가하여 김제 귀신사에서 화엄학을 공부했지만, 선불교에 대한 열망을 느껴 28세 되던 825년에 당나라로 유학을 떠났다. 당나라에서 그의 스승은 마조 도일의 제자인 남전 보원南泉 普願 748~834이었다. 우리는 철감선사의 사상에 대해서는 잘 알지 못하지만, 그가 배움을 받은 중국의 선사들을 면면히 살펴보면 아마도 그의 성향을 엿볼 수 있게 될 것이다. 우선 그의 스승의 스승 격인 마조 도일을 살펴보자. 그는 남종선의 창시자인 6조 혜능의 제자로서 유명한 회양선사의 제자니까 결국 철감선사의 계보는 혜능-회양-도일-보원을 계승한 것이다. 달마에 의한 선종이 인도 불교가 비로소 중국적인 종교로 자리잡는데 기초를 닦았다면 혜능은 그것을 완성시켰고, 도일은 그것을 실천적으로 행동할 수 있도록 체계를 갖추어 널리 퍼뜨린 인물이라고 할 수 있다. 앞서 범일국사의 승탑을 이야기함에 있어서 도일의 '평상심시도'를 언급하였는데, 그와 유사한 또 다른 그의 어록이 있다. "本有今有 不假修道坐禪 不修不坐 如來淸淨禪(본유금유 불가수도좌선 불수부좌 여래청정선)". 번역하자면 대략 "(불성이란) 본래부터 있는 것이고 지금도 있는 것이니 도를 닦거나 좌

〈16-1〉 쌍봉사 철감선사탑은 염거화상탑에서 정립된 팔각원당형 승탑의 전형을 풍부한 장식성과 다양한 컨텐츠로 완성했다.

선을 한다는 것은 부질없는 일이다. 여래의 청정선이란 그저 닦거나 앉아 있는 다고 되는 것이 아니다" 정도의 뜻일 것이다. 선종은 원래 부처의 뜻은 경전을 읽고 복잡한 의식을 거행하는데 있는 것이 아니라, 도를 닦고 좌선을 하는데 있 다고 설파했지만, 도일은 이마저도 부정한 것이다.

그의 이러한 성향은 이미 그의 스승이자 혜능의 제자였던 회양에 게서 엿볼 수 있다. 도일이 회양 밑에서 수행하던 시절에 좌선이 최고의 수행이 라고 굳게 믿고 좌선만 죽어라 하고 있었다. 이를 보고 안타깝게 생각한 회양은 도일 옆에서 벽돌을 하나 갖다놓고 부지런히 갈기 시작했다. 도일은 이를 못 본 채 하며 애써 하던 좌선을 계속하고 있었다. 그런데 며칠이 지나도 계속 벽돌을 갈고 있던 회양을 보다 못해 도일이 물었다. "도대체 왜 벽돌은 갈고 계신 것입 니까?" 그러자 회양이 답하길 "거울을 만들려고 그런다" 하는 것이 아닌가. 도 일이 우습다는 듯 말했다. "벽돌을 백날 갈아봤자 거울이 되겠습니까?" 그러자 회양이 말했다. "좌선을 백날 한다고 부처가 되겠는가?" 그때 도일은 깨달음의

〈16-2〉 팔각대좌의 기본틀을 벗어나지 않으면서도 빽빽하고 정교하게 장엄된 기단부는 단단해 보이지만, 입에 넣으면 살 살 녹는 초컬릿 케익처럼 이중적인 맛이 있다.

〈16-3〉 여의주를 놓고 기싸움을 벌이고 있는 용들. 구름 속에서 갑자기 튀어나와 여의주를 낚아채려는 용의 민첩함이 재미있게 표현되었다.

요체를 느꼈다고 한다.

　　　　　이건 무슨 얘기일까. 벽돌에는 거울의 속성이 없으니 아무리 갈아도 거울이 될 수 없다. 만약 사람에게 부처의 속성이 없다면 아무리 닦아도 부처가 될 수 없다. 그러나 반대로 이미 거울은 닦지 않아도 거울이다. 마음 역시 이미 부처이므로 닦지 않아도 부처라는 것이다. 사람이 부처가 되기 위해 마음을 닦아야 한다고 집착하는 순간 자신은 스스로 부처가 아니라는 생각에 빠지게 된다. 스스로가 부처라는 것을 발견하는 것이 중요한 것이지 부처가 되어야겠다는 집착에 빠져서는 안되겠다는 것이다. '즉심시불'이나 '돈오'와 같은 깨달음은 도를 닦거나 좌선을 한다는 생각마저도 없어야 한다. 그렇다면 도를 닦지 말고 좌선도 하지 말라는 것인가? 아니다. 여기에 그들의 혁명적인 사고방식이 있다.

바로 좌선과 수행을 하는 순간에만 좌선이고 수행이라면 그것은 의미가 없다는 것이다. 설령 좌선이나 수행을 하고 있지 않는 순간이라고 할지라도, 화장실에 있거나 밥을 먹거나 물건을 사거나 운전을 하거나 그 모든 것이 좌선이고 수행이어야 한다는 것이다.

불교도들은 절에 가서 좌선하고 기독교도들은 교회에 가서 기도한다. 절에 가야 부처를 만날 수 있다고 믿고, 교회에 가야 하나님을 만날 수 있다고 믿는다. 말하자면 그것이 집착이다. 부처를 절에 가두고, 하나님을 교회에 가두었다. 세상에 두루 어디에나 존재하는 신들을 '신들의 집'이라는 미명하에 건물을 만들어놓고는 거기에 가두어버렸다. 사제들은 신을 가두어두고 마치 동물원 입장료를 받듯이 신들을 보러온 사람들에게 입장료를 받았다. 혁명은 여기서 시작된다. 성전을 허물고 신전을 부수고 신을 자유롭게 놓아주는 것이다. 그래서 입장료를 내지 않고도 누구나 어디서나 신을 만날 수 있게 하는 것이다. 우리가 하는 모든 일이 좌선이고 수행이다. 그쯤 되어야 자신 안에 있는 부처를 발견할 수 있다는 것이다.

한편 도일의 제자로서 철감선사의 스승이기도 했던 남전 보원은 매우 기이하고 독특한 언행으로 유명한 선사여서 다양한 설화를 남겼는데, 제자들이 고양이를 가지고 다툰다고 해서 고양이의 목을 친 이야기나 배움을 구하러 온 승려가 자신을 찾자 들고 있던 낫을 들어 "30냥에 산 낫"이라고 동문서답한 일을 보건대 그런 그의 문하에서 공부를 했다는 것은 꽤나 어려우면서도 재미있는 경험이었을 것이다. 보원의 제자 중에는 '끽다거'로 잘 알려진 조주선사도 있었는데, 철감선사나 조주선사와 같이 걸출한 선사들을 키워낸 것을 보면 훌륭한 스승이었음에 틀림없다.

철감선사 역시 도일과 보원의 그러한 가르침을 계승했을 것이다. 그는 보원이 입적하고 나서도 13년 동안 당나라에 머물며 활동하다가 회창폐불이라는 중국 불교계의 위기를 직접 경험했고, 그가 귀국할 즈음에는 신라와 당의 해상교역로를 개척하고 아마도 많은 선사들을 실어 날랐을 선단의 주역이었던 장보고도 살해되는 혼란 속에 847년 신라로 귀국했다. 그 때 그의 곁에는 굴산사 승탑의 주인공인 범일이 함께 있었다. 범일은 810년생이니 띠동갑인 셈이

〈16-4〉 용솟음치는 물길이 공중에 떠있는 신들의 세계를 떠받치고 있는 것 같다.

〈16-5〉 물기둥 사이사이에 자리잡은 사자들은 마치 그 아래에서 샤워라도 하는 듯 몸을 핥거나 자신의 꼬리털을 가다 듬고 있다.

다. 아울러 범일은 마조 도일의 또 다른 제자인 제안齊安에게 배웠으니 법맥으로 말하자면 도윤의 사촌동생이라고 할 수 있다. 둘은 나란히 금강산에 들어가 당시로서는 새로운 종파인 선종을 전파했는데, 그 명성이 자자하여 후일 경문왕이 그들의 제자가 되기를 원하였다. 아마 도윤이 나이가 더 많았기 때문인지 그가 경문왕을 제자로 받아들이게 되었다. 도윤의 탑과 비가 쌍봉사에 있는 것으로 보아, 그는 이곳에서 입적한 것으로 보인다.

　　　쌍봉사는 원래 동리산문桐裏山門의 개산조開山祖인 적인선사寂忍禪師 혜철慧徹 785~861이 신무왕 원년839 2월에 세운 것으로 전해진다. 이후 철감선사가 와서 주석하고 또 입적한 것을 보면 범일의 굴산사파와 혜철의 동리산문, 법흥사 징효의 사자산문師子山門 등은 이 철감선사를 매개로 상호간에 활발한 왕래가 있었던 듯 하다. 그러니 그가 신라의 선종사에서 차지하는 역할은 매우 컸을 듯한데, 그러한 그를 한마디로 요약한다면 그의 당나라 유학시절 스승인 남전 보원이 "우리 종宗의 법인法印이 동국으로 돌아가는구나吾宗法印, 歸東國矣"라고 했던 것을 인용해볼 수 있다. 보원에게 조주와 같은 제자가 있었음에도 그가 이렇게 말했던 것은 그의 스승이었던 마조 도일의 또다른 스승이었던 신라의 무상선사無相禪師 684~762와의 관계를 염두에 두었다는 것이 새롭게 밝혀지고 있다. 즉, 신라 성덕왕의 왕자로서 출가하여 중국 사천, 운남 등에서 명성을 얻은 선승인 무상선사가 마조 도일의 사실상 스승으로 밝혀지면서 남전 보은은 자신의 할아버지 스승뻘 되는 무상선사의 고향에서 온 철감선사가 다시금 그 정통성을 이어받게 된 것에 대하여 한편으로는 신기하고 한편으로는 그러한 인재가 언젠가는 신라로 돌아갈 것을 아쉬워한 것이 아닐까. 특히 우리는 '다선茶禪'하면 조주선사를 떠올리는데, 마조 도일의 이러한 성향도 사실상 무상선사의 선다일미禪茶一味의 전파에서 시작된 것으로 받아들여지고 있다. 그래서일까, 무상선사의 가르침은 철감선사와 함께 동국, 즉 신라로 돌아오게 되었던 것이다. 이와 함께 차 문화도 들어왔던 것으로 추정되는데, 바로 쌍봉사 주변에 연원이 오래된 차나무가 즐비하다는 점이 이를 짐작케 한다.

　　　　철감화상은 선종사의 여러 중요 인물들과 긴밀하게 얽혀있고, 그만큼 중요한 인물이다. 그의 입적 후 그의 제자였던 왕의 명으로 탑과 비가 세워졌으니 당대를 대표하는 장인들이 참여했을 것임을 짐작할 수 있다. 그가 우리나라 선종의 실질적인 성격을 구축한 인물이니만큼 그의 승탑 역시 우리나라 승탑 역사에서 하나의 완결판을 보여주고 있다. 그야말로 빈틈 하나 없는 완벽한 장엄의 표본이다.

　　　　가장 하단에는 파도가 일렁이는 가운데 두 마리의 용이 마주보고 있다.〈16-2〉 하나는 고개를 처들고 있고, 하나는 자세를 낮추고 있는 것이 마치 둘이 으르렁 거리며 기싸움을 하고 있는 듯 하다.〈16-3〉 그 위에는 두 번째 대석이 보이는데, 팔각의 모서리마다 마치 하층 기단의 물결로부터 물기둥이 솟구쳐 오르는 것처럼 표현〈16-4〉되었고, 그 사이사이 각 면마다 사자가 조각되었는데, 이들은 마치 이 물기둥에 의해 샤워라도 하고 있는 것처럼 자신의 몸이나 다리

〈16-6〉 같은 반인반수의 모습이라도 여기서는 매우 기괴한 모습으로 표현되었다. 아름답기보다는 공포스럽고 음산하다.

〈16-7〉 믿고 의지하던 철감선사가 세상을 떠난 충격을 표현한 듯 봉인되었던 불안감이 쏟아져 나온 것 같다. 철감선사의 부재를 이렇게 피카소의 '게르니카' 스타일로 묘사한 것이다.

를 핥고 있다.〈16-5〉 이 조각가는 틀림없이 고양이를 키우면서 고양이가 자신의 혀로 털을 핥는 모습을 관찰한 경험이 있는 사람이리라. 용이나 사자는 위대한 선사의 입적 앞에서 너무 철없이 놀고 있다. 하지만 어쩌면 이 동물들은 정말로 알고 있었던 것일까? 철감선사의 죽음은 결코 죽음이 아니라는 것을?

그 위로는 몇 층의 굄대를 공들여 마련하고는 중대석을 올려놓고 팔각의 면마다 기괴한 생명체를 조각해 넣었다. 보통 가릉빈가라고 하면 새의 몸에 사람의 얼굴이라고 표현되지만, 실제로는 얼굴만 아니라 최소한 상체 정도는 인간의 모습을 하고 있는 것이 보통이다. 그런데 이 중대석의 생명체는 그야 말로 얼굴만 달랑 사람얼굴이고, 완전한 새이다. 그것도 박쥐같이 보인다. 우리가 인어공주라고 하면 상체가 사람이고 하체가 물고기여야 낭만적인데, 반대로 상체가 물고기 하체가 인간이라고 한다면 얼마나 당황스럽겠는가? 마치 그 꼴이다. 기괴하고 무섭다.〈16-6〉 히에로니무스 보쉬의 지옥그림에 나올 법한 생명체들, 아니면 피카소 '게르니카'의 통일신라 버전이라고나 할까. 무엇엔가 놀란 듯 입을 벌리고 있는 것, 표독스럽게 으르렁거리고 있는 것, 거꾸로 매달린 듯한 것, 송곳니를 날카롭게 드러낸 것 등〈16-7〉 이루 형용하기 어려운 기괴하고 공포스런 분위기를 자아낸다. 이들은 마치 철감선사의 위력으로 잠재되어 있다가 그의 죽음으로 인해 봉인이 풀린 듯 밖으로 기어나오는 요괴들 같다. 그럼에도 세상의 중심이 없어진 것을 아는 듯 당황스럽고 놀란 표정을 짓고 있는 것 같다.

중대석 위로는 앙련이 놓여있다. 연잎사귀 마다 화려한 보상화문이 새겨졌는데, 서양식으로 말하자면 이오니아식 기둥처럼 단아한 것이 아니라, 코린트식처럼 화려하다.〈16-8〉 이 앙련 위에는 마치 소반처럼 생긴 탁자를 올려놓은 듯하다. 둥그렇게 탄력있는 상다리가 정교하게 표현되었다. 그리고 그 틈새마다 가릉빈가가 들어가 있는데, 이들은 모두 악기를 연주하거나 춤을 추고 있다.〈16-10〉 특히 나팔 같은 것을 불고 있는 가릉빈가는 고승의 열반을 세상에 널리 알리려는 듯 매우 큰 악기를 쓰고 있다.〈16-9〉

사리가 봉안된 팔각형의 탑신은 말하자면 이 탁자 위에 올라가있는 셈이다. 고려불화나 조선시대 불단을 보면 불상이 이러한 탁자 위에 올라가 있는 것을 볼 수 있는데, 그러한 표현의 선구적 사례라고 하겠다. 모서리마다

〈16-8〉 철감선사탑의 장엄은 그야말로 우리나라 승탑 미술의 완성이라 할만하다. 이 안에 자연과 인공, 기쁨과 공포, 질서와 혼돈이 모두 담겨있다.

〈16-9〉 나발로 보이는 악기를 불고 있는 가릉빈가. 철감선사의 완전한 열반을 위한 팡파르를 울리고 있는 것 같다.

목조기둥의 치목기법을 보이는 기둥이 새겨졌고, 기둥 위에는 아랫부분을 오목하게 마감한 주두받침과 창방, 뜬창방, 그리고 그 사이의 첨차를 정교하게 표현하였다. 각 면에는 우선 사천왕 4면, 문비 2면, 그리고 두 명의 천인이 짝을 지어 날고 있는 2면이 표현되었다. 여기서 특이한 것은 천인이 여타의 경우처럼 어여쁜 선녀의 모습이 아니라 도깨비 모습이라는 점〈16-11〉이다. 자세는 예쁘지만 얼굴을 보면 분명 도깨비다. 이 무슨 조화인지 당혹스럽기만 하다. 일부는 몽둥이도 들고 있는데 마치 금강역사가 이렇게 변한 것이 아닌가 싶기도 하다. 이에 비해 사천왕은 매우 절제된 양식으로 표현되었다.〈16-13〉 비록 철감선사

〈16-10〉 여기서도 음악이 빠질 수 없다. 철감선사탑의 가릉빈가 오케스트라는 봉암사 지증대사탑과 달리 더 장중한 음악을 연주하는 듯 날개와 몸이 무겁게 표현되어 있다.

〈16-11〉 아름다운 비천이 표현되어야 할 자리에 도깨비 커플이 묘사되었다. 지증대사탑이 바로크적이라면, 철감선사탑은 고딕적이다.

〈16-12〉 정교하게 목조건축을 재현하여 나무의 느낌을 주는 반면, 같은 돌에 조각했음에도 비천상은 전혀 다른 유연함으로 표현되었다.

께서는 입적했지만, 사천왕들은 마치 약속이라도 한 듯 애써 태연하게 보이려고 함으로써 이 사실을 다른 사람들에게 감추려고 하는 것 같다. 그의 부재가 사람들에게 불러올 두려움을 조금이나마 늦춰보려고 하는 것처럼 말이다.

　　　주두 위에서는 사방으로 뻗은 시원시원한 첨차가 보인다. 시위를 당긴 듯 탄력있게 휘어있는 이들 첨차 사이에는 네 명의 비천, 두 개의 향로, 두 송이의 보상화가 새겨졌다. 이들은 마치 하늘로 올라가는 영혼에게 동반자가 되어 주겠다는 듯 뒤따라 나서는 모습으로 묘사되었다.〈16-12〉 그리고 그 위의 옥개석은 이중 처마를 하고 있는데, 아래는 둥근 서까래를, 위에는 네모난 서까래를 묘사한 것도 실제 목조건축의 지붕을 보는 것 같다. 심지어는 기왓골 끝부분의 수막새기와 자리에도 실제 기와를 얹은 것처럼 연화문을 정교하게 새겨넣었

〈16-13〉 철감선사의 입적을 애써 담담하게 받아들이려는 사천왕의 모습이 더욱 애처롭다. 그래서일까, 유독 그들이 들고 있는 무기가 무거워 보인다.

다. 언뜻 보면 돌을 깍았다고는 도저히 보이지 않고, 정말로 기와를 만들어 얹어둔 것처럼 보일 정도이다. 아쉽게 상륜부는 사라지고 없지만, 그래도 그 외에는 모든 것이 완연하게 남아있다는 것이 천만 다행이다.

　　　　철감선사탑은 빈틈없이 장엄되어 있다. 그러나 결코 요란하지도 않고 번잡하지도 않다. 인간 도윤의 죽음 앞에서는 충분히 엄숙하면서도, 깨달은 자 철감선사의 완전한 열반 앞에서는 충분히 찬탄하고 있다. 마치 이후의 모든 승탑은 이 철감선사의 탑을 벤치마킹하면서 어려운 부분은 생략하거나 대체하고, 필요에 따라 변화를 주면서 전개되어 나아갔던 것으로 보아도 될 정도로 완벽하다. 그야말로 규범의 완성, 클래식이다. 그렇다! 무상선사로부터 시작되어 중국의 선을 흡수하고 드디어 신라에 돌아와 진정한 선풍의 규범을 완성한 철감선사는 선종에 있어 하이든이었다. 그러면서도 간간히 들어있는 기괴한 도상들은 선종판 놀람교향곡이다. 그것은 죽비고, 그것은 화두다.

〈16-14〉 고개를 숙이고 있으면서도 부릅뜬 두 눈은 감정의 절제를 시각적으로 드러내고 있다. 스카프 자락까지도 슬픔에 잠긴 사천왕의 어깨를 내리누르는 듯하다.

염거화상탑의
쌍둥이탑

|

남원 실상사 수철화상탑

염거화상탑의 쌍둥이탑

남원 실상사 수철화상탑

승탑들은 언뜻 보면 모두 비슷한 것 같지만, 지금까지 살펴본 것처럼 자세히 뜯어보면 각각의 개성이 넘친다. 그러나 반대로 언뜻 다르게 보이지만 사실상은 거의 쌍둥이처럼 닮은 승탑도 있다. 실상사 능가보월탑과 염거화상탑이 그렇다.〈17-1, 17-2〉

실상사 경내로 들어가 서쪽으로 난 오솔길을 따라 조금 걸어 올라가다보면 극락전이 나오는데, 그 앞에는 두 쌍의 승탑과 탑비가 세워져 있다. 승탑 중 하나의 이름은 증각대사응료탑으로 우리나라 선종구산 중 하나인 실상산문을 개창한 홍척대사를 위한 것이고, 그에 딸린 증각대사응료탑비가 있다. 그러나 현재 비신은 없어지고, 귀부와 이수만 남아있다. 다른 하나는 홍척대사의 제자 수철화상秀撤和尙 817~893의 사리탑인 능가대사보월탑과 이에 딸린 능가대사보월탑비이다. 능가대사보월탑비의 비신도 원래의 것은 아니고 조선시대 숙종 40년1714에 당시 남아있던 탁본을 바탕으로 재건한 것이다. 하지만 이 고즈넉한 숲속에 자리한 승탑의 주인공 수철화상에 대해 살펴보는데 있어서 매우 중요한 자료이다.

그는 진골출신이어서 나름대로는 괜찮은 집안 출신이었지만, 그의 조부와 부친은 벼슬을 하지 않고 세상을 피하여 집안을 보존하고자 하였다고 비문에 기록된 것을 보아 정치력인 영향력은 미미했던 것으로 보인다. 일반적으로 선종 승려 중에는 육두품 출신이 많았지만, 수철화상이나 낭혜화상처럼 원래는 진골출신이었던 승려들도 있었다. 그러나 낭혜화상은 그의 아버지 대에 이르러 육두품으로 신분이 낮아지고 있음이 성주사 낭혜화상 백월보광탑비에 언급되어 있어서, 수철화상 역시 비록 진골출신이었더라도 현실에서는 다소 소외된 계층이었을 것으로 보인다.

　　　　수철화상은 15세에 출가하여 연허율사, 천종대덕 등에게 배우다가 윤법대덕으로부터 구족계를 받았다. 이후 설악산 등에서 자유로운 유람생활을 거쳐 실상사에 이르러 홍척의 제자가 되었다. 비문에는 홍척이 수철화상을 제자로 받아들이던 당시의 문답이 전하고 있다. 제자가 되겠다고 찾아온 수철에게 홍척이 물었다. "그대는 어디서 왔는가". 이에 수철이 답하기를 "대사님의 본성은 무엇입니까?" 아마 이때 수철이 "저는 강원도 설악산에서 오는 길입니다"라고 답했다면 홍척의 제자가 될 수 없었을 것이다. 그는 그 대신 홍척의 본성, 본질이 무엇인가 물었다. 그 본성이라는 것이 허상이고 무상한 것인데, 자신이 어디서 왔는가를 묻는 것이 얼마나 더 무의미한 것인가를 앞으로 스승이 될 홍척에게 당돌하게 질문한 것이다.

　　　　짧은 대화이지만, 여기서 선문답의 중요한 포인트 하나를 놓치지 말자. "왔던 곳何處來"이 바로 "본성性何"과 댓구를 이루고 있는 것이다. 어쩌면 "왔던 곳"은 단순히 출발지점만을 의미하는 것이 아니라, 그 출발지점으로부터 지금의 이 자리, 즉 홍척 앞에 서기까지의 궤적을 묻는 것이었으리라. 그에 반해 그 궤적이 무상하다는 것을 밝히기 위해 본성을 물었다. 이는 매우 현상학적인 질문이고 답이다. "나"는 누구인가. 에드문트 훗설 등이 말하는 바에 따르면 그것은 자신의 기억의 총합이고, 그 기억은 시간 속에 존재한다. 나를 나로 만드는 것은 바로 내가 해왔던 모든 경험과 그에 반응했던 나의 행동에 대한 기억들의 총체인 것이다. 전생이고 후생이고 부활이고 간에 우리가 그런 것을 쉽게 믿지 못하는 이유는 비록 내가 과거에 다른 삶을 살았을지라도, 여하간 지금의 나는 과거의 기억이 하나도 없기 때문에 그 과거의 나를 나라고 부를 수 없기 때문인 것이다. 그렇다면 윤회전생의 주체는 무엇일까? 몸도 아니고 기억도 아니라면 영혼일까? 영혼은 실체가 있는가? 불교에서는 윤회전생을 이야기하지만 그것은 기억이나 영혼의 윤회를 의미하는 것이 아니었다. 그것은 오로지 카르마, 혹은 업, 이런 것이었다. 어디서 왔는가? 이것은 곧 너의 본질이 무엇이냐를 묻는 것이었고, 당신의 본성은 무엇인가 물은 것은 과거 기억의 덧없음과

⟨17-1⟩ 왼쪽의 실상사 수철화상탑과 오른쪽의 전 흥법사지 염거화상탑은 쌍둥이처럼 닮아있다. 이를 통해 염거화상탑도 원래는 수철화상탑과 같은 하층기단부가 있었던 것으로 복원해볼 수 있다.

더불어 −윤회의 주체인 업으로 말한다
면− 당신의 본성만큼이나 자신도 오래된
것이라는 대답일 것이다.

　　　스승 홍척은 앞서 설명한
바와 같이 당나라로 유학하여 서당지장으
로부터 선법을 배웠는데, 그는 서당의 법
을 이어가는 것은 수철에게 달려있다고
하여 그에게 실상산문을 부탁했다. 이후
수철의 행적을 보면 그는 산천의 탑을 예
배하러 돌아다니기도 했고, 참선 뿐만 아
니라 화엄을 강의하기도 했다. 경문왕으
로부터는 대사로 추증을 받아 궁궐에 불
려가기도 했는데, 그에게 경문왕이 물은
것은 선종과 교종의 같고 다름이었다고

〈17-2〉염거화상탑 **국립중앙박물관 소장**

한다. 아쉽게도 이에 대해 수철이 답한 부
분의 글자가 결실되어 그 답을 알 수는 없지만, 앞서 참선과 화엄을 동시에 추구
한 것을 보면 수철은 상당히 폭넓은 종교적 성향을 지니면서 그 둘을 구분하기 보
다는 선을 위주로 하되 교를 겸비할 것을 조언하지 않았을까 싶다. 뒤이어 그가
선을 단계별로 나누어 설명했다는 것이나, 다음 문장에서『십지경』을 지었다는
이야기들을 참고해볼 때, 참선 수행을 하되, 이를 화엄적으로 풀어 해석함으로써
다소 막연하게 흐를 수 있는 선법을 체계화시켰던 것으로 이해하면 어떨까.

　　　수철화상의 탑 이름인 '능가보월'은 나라에서 내린 이름이었다. 여
기서 '능가'는 인도의 '랑카' 섬을 의미한다. 유명한 인도의 서사시『라마야나』의
무대로서 잘 알려져 있지만, 불교에서는 이 섬에서 붓다가 설법한 내용을 모은
『능가경』으로서 더 잘 알려져 있다. 왜 이 경전의 이름을 탑호로 삼았던 것일까?
추측컨대 탑비의 내용 중에는 수철화상이 중국 선종의 창시자인 달마대사로부
터 이어지는 법을 계승을 했음을 밝히고 있는데, 이『능가경』은 달마대사가 좋
아했던 경전이었다. 그가 중국인들에게 불교를 전파할 때 교재로 사용하기 위해

〈17-3〉 중대석에 새겨진 향로. 연꽃 위에 놓여있는데, 그 아래서 피어오르는 꽃을 통해 향의 시각화를 의도한 것 같다.

당시 중국사람들이 읽고 있던 한역된 경전들을 검토해 보았는데, 다른 것은 번역이 마음에 들지 않았고 오로지 『능가경』만이 그의 마음에 들었다고 한다. 이 『능가경』은 원래 유식불교의 고승들이 자주 인용하던 경전이었는데, 달마로 인해 선종에서도 중요시하는 경전이 되었다. 아마 그런 점을 고려했던 것으로 보인다. "보월"이라는 이름에 등장하는 달은 선사들의 탑호에 자주 들어가는 단어였다. "달을 가리키면 달을 봐야지 왜 손가락을 보느냐"는 『능엄경』에도 나오는 말인데, 이러한 구호는 선종에서 특히 애호되는 말이었다. 손가락에 연연하는 것이 기존의 불교였다면 그 본질에 다가가는 것이 선종이라는 것이다. 이러저런 정황을 정리해보면 "능가보월"이란 "랑카섬에 뜬 달", 랑카섬에서 붓다가 가리킨 달, 그런 의미쯤 되겠다.

〈17-4〉향로와 함께 새겨진 공양천인상. 수철화상탑이 전체적으로 소박한 느낌이 드는 가운데 공양상 역시 자신의 존재를
은은히 드러내고 있다.

　　　　　수철화상탑은 그가 입적한 893년경에 세워진 것으로 보인다. 가
장 아래에 팔각의 다소 높은 지대석이 있고, 그 위로 이중의 하대석이 놓였다.
그중 아래의 것에는 둘레에 보상화문을 두르고 안에는 일렁이는 파도를 표현했
으며, 위에는 웅크린 사자들을 새겼다. 중대석에는 각면에 안상을 만들고 그 안
에 향로〈17-3〉와 주악천인〈17-4〉들을 번갈아 새겼는데 그 솜씨가 무척이나 정
교하다. 그 위의 상대석은 3중의 연판으로 이루어져 있고, 이 연판들이 탑신을
받치고 있는 형상이다. 탑신은 팔각형의 목조건축을 모방한 형태를 하고 있는
데, 기단부의 중대석처럼 탑신을 받치는 별도의 굄대가 마련되어 있다. 팔각형
의 탑신에는 정면과 뒷면에 문을 부조하였고, 돌아가며 사천왕을 새겼으며,〈17-
5〉나머지 두 면은 빈칸이다. 높다란 문 위에 있는 반원형의 팀파눔 안에는 꽃
문양을 새겨넣었다.〈17-6〉마치 비석처럼 생긴 이 문은 당나라풍이 물씬 느껴진
다. 이어서 옥개석의 처마 아래 부분에는 한 칸 걸러서 비천상 네 구를 새겼는

〈17-5〉 매우 정적인 사천왕상이지만, 이 탑이 너무 고요한 적막에 휩싸여서 그런지 이들 사천왕의 작은 고갯짓 하나, 손짓 하나도 크게만 다가온다.

데, 아마 우리나라 비천상 중에서 가장 요염하고 날씬한 비천을 꼽으라면 1, 2위 안에 들것이다. 얼굴도 갸름하고 팔다리도 날씬하면서 길고, 어떤 경우는 상체가 거의 나신에 가까울 정도로 윤곽이 적나라하게 묘사되기도 하였다. 구름에 휩싸여 날아가는 이 비천들은 마치 입적한 수철화상을 모시러 마중 나온 것처럼 보인다.〈17-7, 17-8〉 처마 위쪽은 서까래를 정교하게 새겼고, 옥개석 위의 지붕골도 마치 기와를 얹은 것처럼 정교하게 골을 팠다.

　　　　이러한 모습은 어떻게 보면 우리나라 승탑의 가장 정형화된 형태를 이루고 있다. 이를 보통 팔각원당형이라고 한다. 승탑으로서 이런 형태가 등장하게 된 원인은 고승을 마치 붓다처럼 간주해서 원래 불상이 놓이는 자리인 불대좌 위에 승려의 사리를 모신 팔각형의 집을 올려두었다는 뜻이다. 이런 형태의 기원은 5호16국시대에 중국에 들어와 활약했던 쿠마라지바344-413, 즉,

〈17-6〉수철화상탑(좌)과 염거화상탑(우)의 문비의 비교. 수철화상탑은 창방과 뜬창방을 묘사하고 그 아래에 문을 새겼지만, 염거화상탑은 창방이 문을 가로지르고 있다.

구마라집의 탑에서 발견된다.〈17-9〉그러나 그 이후 많은 중국 고승들의 탑은 우리나라에서 보이는 전탑형식과 비슷하게 전개되었다. 구마라집의 탑과 같은 형태가 통일신라 후반에 들어 갑작스레 등장하게 된 것은 풀어야할 하나의 수수께끼다. 이것을 단순하게 중국으로부터의 영향이라고 하기도 어려운 것이 막상 직접 중국에 유학을 다녀왔던 도의의 경우는 이런 팔각원당형의 탑을 세우지 않았기 때문이다. 도의의 탑이 마치 탑의 기단부 위에 팔각원당형의 건축물을 올려놓은 것이라면,〈17-10〉수철화상탑은 불대좌 위에 건축물을 올려놓았다는 점이 다르다. 수철의 스승인 홍척은 같은 실상사 경내에 탑이 세워졌지만, 이것의 연대는 오히려 제자의 탑보다 늦은 것이 확실해 보이기 때문에 수철은 스승의 예법을 따른 것도 아니다.

　　　그런데 재미있는 것은 이 수철화상의 탑과 쌍둥이 같은 형태의 승

〈17-7〉 이 탑은 더 이상 목조건축을 정교하게 흉내내지는 않는다. 오히려 석조 조형물로서의 기하학적인 아름다움에 더 충실하려고 하는 것 같다.

〈17-8〉 옥개석 아래에서 날고 있는 비천은 양감이 풍부한 것은 아니지만 유려한 회화적 선을 통해 나신에 가까운 관능적인 모습을 신비로움으로 승화시켰다.

탑이 바로 염거화상탑이라는 것이다. 염거廉居 ?~844 화상은 진전사지를 중심으로 한 가지산파의 창시자 도의의 제자인데, 원래 그의 탑은 원주 법흥사지에 있었으나 지금은 국립중앙박물관으로 옮겨왔다. 이 탑은 비록 지대석 및 하대석의 가장 아래 부분을 잃어버렸으나, 그 위의 구조는 수철화상의 탑과 동일하다. 아울러 새겨진 조각의 양식 역시 거의 동일한 것으로 보인다. 탑에 새겨진 부조의 조합 등은 다소 차이가 있다. 예를 들어 중대석의 경우 수철화상탑은 안상 안에 향로와 더불어 주악천인이 번갈아가며 새겨졌는데, 염거화상탑에서는 나무가 번갈아가며 새겨져 있다. 대신 염거화상탑은 탑신 괴임돌의 각 면마다 천인상을 새겨 넣어서 이 부분이 식물문으로 처리된 것과 대조를 이룬다. 옥개석 하단의 요염한 4인의 비천상도 거의 유사한 자세를 보이며 날고 있고, 탑신에 새겨진 사천왕의 도상도 거의 유사하다. 탑신에 새겨진 문의 모양도 대체로 비슷한데 약간의 차이가 있다. 염거화상탑은 문 위에 창방이 있고, 그 위에 반원에 가까운 팀파눔이 새겨져 있는데, 이는 문 장식 전체를 창방 아래로 새긴 수철화상탑과 다르다. 이런 작은 차이에도 불구하고, 전체의 개념과 장엄의 의도는 거의 쌍둥이라고 해도 과언이 아니다.

　　　　염거는 수철보다 50여년 앞서 입적했다. 그리고 이 탑 안에서 발견된 탑지의 내용에 따라 염거의 승탑이 맞는 것으로 추정된다. 따라서 형태는 거의 같으면서 시차는 50년을 둔 쌍둥이탑을 발견하게 되는 것이다. 아울러 염거는 도의의 제자로서 가지산파를 이끈 2인자였다는 점에서 실상산문의 수철과 비슷한 위치를 차지하고 있다. 같은 선종이지만 산문이 서로 달랐던, 그러나 산문 내에서 비슷한 역할을 했던 이 두 사람의 사리탑은 왜 이렇게 닮아 있을까?

　　　　수철화상은 왕사였기 때문에 그의 입적 후 이 승탑이 신라왕실의 주도로 건립되었을 가능성이 높다. 그런데 염거화상은 정치권과는 거리를 두고 활동했던 것으로 보인다. 따라서 왕실발원의 조각과 선문 차원에서 발원한 조각이 50여년의 시차를 지녔음에도 비슷하다는 것은 그러한 이분법적인 구분이 큰 의미가 없음을 보여주는 사례이기도 하다. 50여년의 차이라면 한 사람의 작품이라고 보아도 불가능한 것은 아니지만, 그래도 도제간에 이어진 어떤 전통이라고 보는 것이 더 자연스러울 것 같다. 그렇다면 844년 염거화상탑을 만들었던 장인이 이후 점차 실력을 인정받았고, 893년 수철화상이 입적하여 그의 탑을 세우기 위해 신라왕실이 실력있는 당대의 장인을 물색하고 있었을 때 눈에 띈 것이 바로 그의 석공 스튜디오였던 것이 아닐까. 아울러 50여년의 차이에도 불구하고 이런 강한 전통성을 유지할 수 있다는 것도 미술 양식의 역사에서 꽤 참고가 되는 사료라 하겠다.〈17-11〉

　　　　랑카섬에 뜬 달. 수철화상은 스승 홍척을 계승하여 법을 이었고, 그런 수철화상의 탑을 만든 장인은 염거화상탑을 만든 장인의 예술성을 계승하여 이 탑을 만들었다. 그들은 둘 다 스승이라는 달을 쫓았지만, 죽어서는 그들 스스로가 그렇게 달이 되었다. 나는 이 탑 앞에서 한편으로는 수철화상을 위해, 한편으로는 자신의 스승을 위해 열심히 돌을 다듬었을 석공의 마음을 상상해 본다. 어쩌면 그도 『삼국유사』의 양지 스님처럼 승려였을 수도 있다. 신라 왕실에 속한 전문적인 장인집단도 있었겠지만, 스님 중에는 프리랜서로 일하면서 높은 예술성을 지닌 양지 같은 장인들도 있었을 것이다. 그리고 그러한 승려의 조각 기술이란 단순한 예술이 아니라, 수행의 한 방편이었을지도 모른다. 깨달음으로 나아가는데 선법이면 어떻고 경전이면 어떻고 예술이면 또 어떠한가? 그것이야말로 손가락이 아니라 진정 랑카섬의 달을 바라보는 것이 아니겠는가?

〈17-9〉 팔각원당형 승탑의 기원이 되는 중국 서안 초당사의 구마라집 승탑. 수미산 세계를 묘사한 듯한 대좌 위에 팔각당 형식의 건축이 올라간 조합이다.

〈17-10〉 양양 진전사지의 도의선사탑은 불탑의 기단부 형식에 팔각당 형식의 건축을 올려놓은 형태이다.

17-11
탑의 전체적인 조형 뿐 아니라 사천왕의 도상도 거의 같다. 그러나 세부적으로 보면 앞선 시기의 염거화상탑 사천왕(우)이
보다 양감이 풍부하고 자세가 자연스러운 반면, 철감선사탑은 세부묘사에 치중하면서 다소 왜곡된 몸짓을 하고 있다.

고려 승탑에 투영된
고구려 정신을 보다

여주 고달사지 승탑

고려 승탑에 투영된 고구려 정신을 보다

여주 고달사지 승탑

　　여주에 있는 고달사지는 남아있는 대부분의 유물이 고려시대의 것이지만, 그 창건은 통일신라시대 경덕왕 23년764에 이루어져 역사가 매우 깊다. 근래 활발한 발굴조사가 이루어졌는데, 다양한 건물지와 더불어 그 거대했던 규모가 다시 한번 확인되었다. 고달사지에는 승탑이 두 개 있는데, 하나는 원종대사혜진탑이고, 다른 하나는 어떤 승려의 것인지 모르는 승탑이다.〈18-1, 18-2〉둘 다 훌륭한 탑이지만, 그 중에서도 누구의 것인지 알 수 없는 탑이 조금 더 눈에 들어온다. 이 두 탑은 서로 닮아 있어서 어느 하나가 다른 하나를 모방한 것처럼 보이는데, 아마도 예술적인 가치로만 본다면 원종대사혜진탑이 다른 하나를 모방한 것이 아닌가 생각된다. 이렇게 한 사역 안에 있는 승탑이 닮아있는 것은 앞서 다른 사례에서도 볼 수 있었다. 원종대사의 행적은 고달사지에 남아있는 거대한 탑비에 있었던 비문을 통해 알 수 있다. 현재 탑비는 박물관에 옮겨져 있고, 귀부와 이수만 남아있다.〈18-3〉이 귀부와 이수는 법천사 지광국사현묘탑비와 더불어 쌍벽을 이루는 고려 탑비 예술의 정수라고 할 만큼 조각이 뛰어나고 웅장하다. 이 비문에 의하면 원종대사는 신라 경문왕 9년869에 태어나 고려 광종 9년958에 입적했으니 90세라는 장수를 누린 승려였다. 그의 출신은 계림, 즉 경주 하남에 살던 김씨 가문인데 명문호족이라고 하니, 아마도 진골 출신이었던 모양이다. 현재 고달사지에 세워져있는 그의 탑은 977년에 세워졌다.

　　비문을 읽어보면 그는 많은 스승을 두었다. 부모의 허락을 받아 13세에 출가하였고, 처음 찾아간 스승은 경북 상주 삼랑사의 융체선사였다. 그런데 융체선사가 그를 제자로 받아 가르쳐보니 자신이 감당할만한 제자가 아니

〈18-1〉 고달사지 승탑
같은 절터의 원종대사탑과 거의 유사한 모습인 것으로 미루어 보건데 고달사에서 매우 중요한 역할을 했던 승려의 탑인 것만은 분명하다.

라고 생각했던 모양이다. 그는 얼마 지나 그에게 자신보다 더 적합한 스승을 찾아갈 것을 권한다. 그가 추천한 스승은 혜목산의 심희대사, 즉 멀리 김유신 장군의 후손이면서 선종9산 중 봉림산문을 개창한 진경대사眞鏡大師 853~923였다. 여기서의 혜목산이 바로 현재의 고달사가 위치한 곳이다. 진경대사에게서 큰 가르침을 받은 그는 22세에 다시 양주 삼각산 장의사에 가서 구족계를 받았다. 그가 구족계를 왜 진경대사로부터 바로 받지 않고 지금의 서울 세검정 초등학교

〈18-2〉 977년에 세워진 원종대사의 탑. 고달사지의 두 승탑은 분명히 어떤 계승관계를 보여주고 있다. 기단부의 중대석이 거북의 모습을 하고 있는 것이 이 두 탑의 특징이다.

〈18-3〉 원종대사(869～958) 탑비의 귀부와 이수. 이 거대하고 넓게 퍼진 귀부는 지금의 자리에서 한걸음도 움직이지 않겠다는 의지를 보여주는 듯 하다.

자리에 있었던 장의사로 추정되는 사찰에 와서 받았는지는 정확히 알 수 없다. 혹시 선종 조사로서의 계가 아닌 교종계통의 율사를 일부러 찾아가 구족계를 받았던 것은 아닐까 생각할 뿐이다. 그는 이후에도 많은 고승들을 찾아다니며 가르침을 구하다가 전라도 광주 송계선원으로 옮겨가 있던 진경대사를 찾아가 재회하게 되었다. 그의 문하에서 그는 보다 큰 불법의 세계를 배우고 그만의 깨달음의 길을 알게 되었다. 원종대사는 여기서 그치지 않고 중국으로의 유학을 생각하게 되었다. 진경대사는 그에게 "도에 뜻을 둔 자가 어디 정해진 스승이 있겠는가" 하며 그의 유학길을 독려했다. 그야말로 배움의 열정에 관한한 원종대사가 첫손에 꼽힐 것인 바, 그 배경에는 융체선사로부터 진경대사에 이르기까지 보다 더 좋은 스승을 찾아주려 했던 스승의 애틋한 마음이 자리잡고 있다.

〈18-4〉 원종대사탑의 하층 기단부가 사각형인데 반해 이 승탑은 통일신라시대 이래의 팔각형 연화대좌의 전통을 따르고 있다.

　　원종대사의 중국에서의 행적도 계속해서 배움의 연속이었다. 많은 고승들을 찾아다니며 배움을 구했다. 아마도 화엄경 입법계품에서 선재동자가 깨달음을 구해 53선지식을 찾아다녔던 것을 그대로 따라한 것 같은 느낌이 든다. 일반적인 유학이 한 스승을 두고 그 스승 밑에서 지속적인 공부를 하는 것과 달리 원종대사는 마치 유학이 아니라 교환교수로 중국을 방문한 것처럼 많은 곳을 돌아다니며 자유롭게 공부를 했다. 스승만 찾아다닌 것이 아니라 여러 불교 사적지도 탐방하면서 중국불교사의 맥을 이해하려고 노력했다. 그러한 과정에서도 그에게 큰 영향을 주었던 스승이 있었는데 바로 투자화상投子和尙 819~914, 혹은 대동화상大同和尙라 부르는 선승이었다. 그는 『벽암록』에도 두 번에 걸쳐 등장하는데, '끽다거'로 유명한 조주선사조차 그와 이야기를 나누고 "후백이 있고 다시금 후흑이 있구나"라고 탄복했다 한다. 후백候白이나 후흑候黑은 둘 다 도둑의 이름인데, 지금으로 치자면 "뛰는 놈 위에 나는 놈 있구나" 하는 뜻이다. 그런 스

〈18-5〉 단순히 상대와 하대를 연결해주던 역할을 하던 중대석이 대좌의 중심으로 강조되었다. 이 거북은 마치 입적한 승려를 이승의 세계로부터 피안의 세계로 태워갈 듯 보인다.

〈18-6〉 자세히 보면 그냥 거북이 아니다. 그 거북을 휘감은 용이 함께 있는 것을 통해 바로 현무라는 것을 알 수 있다.

승이 "지금 중국에는 인도에서 온 승려와 고려에서 온 승려가 더불어 불법을 논하고 있는데, 도담道談을 나눌만한 사람은 그대뿐"이라며 원종을 치켜세웠으니 그의 불교에 대한 깊이가 어떠했을지 짐작이 간다. 그가 다시 고려로 돌아갈 때 투자화상은 다음과 같이 말했다. "너무 멀리 있지도, 너무 가까이 있지도 말라." 마치 근래 유행했던 '해를 품은 달'에서 왕이 무녀에게 했던 이야기와 비슷하다. 이에 대해 원종은 답했다. "네, 그럴 것입니다. 그리고 너무 멀지도 가깝지도 않은 곳에도 머물지 않겠습니다."

　　　　고려로 돌아온 원종은 제일 먼저 그의 존경하는 스승 진경대사를 찾아갔다. 진경대사는 그가 중국에서 듣고 보고 배운 것이 궁금하여 선문의 승려

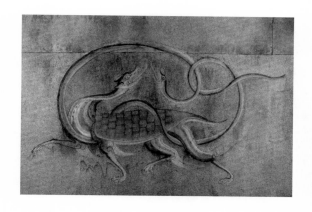

〈18-7〉 고구려 고분인 강서대묘의 현무도. 이 승탑에 고구려의 정신이 계승되어 있는 것이다.

들을 모아놓고 그에게 특별강연을 부탁했다. 그야말로 참스승의 모습이 아닌가. 아마도 진경대사의 천거가 있었을 것 같은데, 여하간 유학에서 돌아온 그는 바로 태조 왕건의 왕사가 되었다. 따라서 개성을 중심으로 활동하면서도 한편으로는 자신의 진경대사가 원래 주석했던 혜목산에 관심을 가지고 사찰로서 가꾸어 나가고 있었던 것으로 보인다. 이후 그는 혜종·정종·광종 등 역대 고려 국왕의 왕사를 역임하면서 고려 불교를 이끌었다. 그러니 고달사의 사세가 그렇게 거대할 수 밖에 없었으리라.

또 다른 승탑에 대해서도 생각해보자. 일단 원종의 스승으로는 진경대사가 영향력이 가장 컸는데, 그의 승탑은 창원 봉림사지에 세워져 있다. 그렇다면 혹시 그의 스승 진경대사에게 구족계를 준 원감대사 현욱圓鑑大師, 玄昱 788~869의 탑이 아닐까? 그렇다면 이 탑은 통일신라시대의 승탑이 되어야 하는데, 그러기에는 통일신라시대의 조각상 중에서 이와 유사한 양식을 찾아보기 어렵다.

탑을 보면, 팔각형의 지대석은 여러 돌을 짜맞춰서 넓게 펼쳐놓았다.〈18-4〉 그 위의 하대석은 팔각형인데 안상을 돌린 괴임과 그 위의 연판문으로 이루어져 있다. 이 탑에서 가장 특별한 부분은 바로 그 위의 중대석이다. 중대석은 가늘고 납작하면서 대체로 상대석과 하대석 사이에 끼어있는 느낌이 드는 부재인데, 여기서는 중대석이 강조되어 상대와 하대석을 압도하고 마치 자기 혼자 탑을 받치고 있는 것처럼 당당하게 버티고 있다. 중대석의 핵심 모티프는 거북이다.〈18-5〉 이는 주로 탑비를 받치는 귀부에 사용되던 소재인데, 여기서는 거북이 탑비를 받치고 있듯이 팔각원당형의 탑신을 받치고 있는 모습이

〈18-8〉 두 마리의 용이 현무의 등 위에서 여의보주를 떠받치고 있다.

다. 고개를 치켜올린 거북의 머리는 마치 웃고 있는 듯한 표정인데 그 분위기가 묘하다. 한편으로는 귀엽지만, 한편으로는 맹수가 사냥감을 발견하고 쾌심의 미소를 짓는 것처럼 섬뜩하기도 하다. 이 거북은 마치 자신의 등 위에 모신 승려를 피안의 세계로 건네 주기 위해 바다를 건너는 것처럼 보인다. 자신이 하고 있는 일에 무척 자긍심을 가지고 있다는 것과 그것을 어떻게든 달성하려는 집념을 그 미소를 통해 엿볼 수 있다. 그런데 가만히 보면 그 등 위는 무척이나 복잡하다. 구름, 혹은 파도가 휘몰아치는 모습인데, 자세히 들여다보면 그런 자연현상만 조각된 것이 아니다. 바로 용들이 꿈틀거리며 그 위에서 노닐고 있는 것이다.〈18-6〉 그렇다, 이것은 그냥 거북이 아니다. 바로 고구려 고분벽화에 등장하는 사신, 그 중에서 북쪽을 담당하는 현무 바로 그것이다.〈18-7〉 원래 현무는 거북만 표현되는 것이 아니라, 그 거북을 감싸고 있는 뱀 혹은 용과 함께 표현되는 것이었다. 좌청룡·우백호, 또는 주작대로 등의 존재로 동과 서, 그리고 남쪽의 동물은 많이 알려져 있지만, 현무는 북쪽, 즉 춥고 어두운 방위를 상징해

〈18-9〉 문비에는 아주 정교하게 새겨진 자물쇠가 묘사되었다. 이런 사실적 묘사는 마치 금방이라도 이 문을 열 수 있을 것 같은 착각에 빠지게 한다.

서일까 다른 방위의 서수들에 비해 자주 등장하지는 않는 편이다. 하지만, 고대의 세계관에서는 이 세상이 거대한 거북의 등 위에 올라가 있는 것으로 상상되기도 했을 만큼 거북은 중요한 상징적 동물이었다. 그렇게 보면 이 탑은 마치 고대의 세계관을 반영한 것처럼 보인다. 거북 등 위의 탑신은 곧 세계, 불교적 세계를 상징하는 것처럼 다가온다. 더군다나 용이 휘감고 있는 현무의 이미지는 고구려 정신의 계승을 표방한 고려에서도 많이 사용되었다. 태조 왕건릉에서도 사신도가 그려졌던 것이 발견되었고, 나중에는 석관에도 동서남북으로 돌아가며 사신이 묘사되었다. 승탑에 현무가 묘사된 것은 그러한 고구려 고분벽화의 전통이 면면히 계승된 것으로 추정해 볼 수 있다. 이들 용들은 마치 여의주를 가지고 다투듯이 보주 하나를 사이에 두고 날카로운 발톱을 세운 발을 뻗고 있는 것이 무척이나 역동적이다.〈18-8〉

이 중대석 위의 상대석에 새겨진 연판은 하대석의 연판과는 양식이 좀 다르다. 하대석의 연판은 그래도 통일신라시대 불상대좌의 연판을 닮아있지만, 상대석의 연판은 과장이 심하고, 잎이 두꺼우면서도 끝에서 심하게 반전이 이루어져 있다. 다시 상대석 위의 탑신부는 팔각형 목조건축 모티프인데, 각 면에는 문비와 살창, 그리고 사천왕이 새겨져 있다.〈18-9〉 특히 여기 표현된 사

〈18-10〉 앞서의 승탑에 묘사된 사천왕들에 비해 평면적이고 경직된 모습이지만, 갑옷 아래로 흘러내리는 옷자락은 마치 물결처럼 잔잔하게 하늘거리고 있다. 각각 바위와 파도 위에 올라타고 있는 것으로 보인다.

천왕 부조를 보면 앞서 본 실상사 수철화상탑에 부조된 사천왕과 달리 평면적이면서 선적인 표현이 중심이 되고 있음을 알 수 있다.〈18-10, 8-11〉 신체의 비례나 자세도 다소 경직된 분위기가 강하다. 따라서 아마도 앞서 살펴본 수철화상탑이나 염거화상탑의 사천왕과 비교했을 때 연대가 내려오는 것으로 보이기 때문에 원감대사 현욱의 것으로 올려보는 것이 다소 주저되는 것이다. 아울러 문비에는 그 당시 실제 썼음직한 자물통을 정말로 걸어둔 것처럼 새겨놔서 상당히 감각적인 조각가의 솜씨를 엿보게 한다. 자그마한 창틀은 그 안을 들여다보면 마치 고승의 사리를 모신 상자가 고이 모셔져 있을 것 같은 상상을 하게 만든다.〈18-12〉

이 탑에서 또 하나 잊지 말아야 할 것은 옥개석 아래의 비천상들〈18-13〉이다. 비천과 구름이 번갈아 표현되었는데, 여기서의 비천들은 수철화

〈18-11〉 북방다문천은 보다 캐릭터화가 많이 진행된 것 같다. 보주를 들고 무엇인가 집념을 불태우고 있는 것이 꼭 만화 속 주인공 같다.

〈18-12〉 완전히 막히고 걸어 잠근 탑이 아니라, 이렇게 창문을 내었다. 마치 저 안을 들여다보면 탑 안에 쉬고 있는 고승의 사리를 엿볼 수 있을 것만 같은 유혹을 느끼게 한다.

상의 탑에 등장하는 비천처럼 요염하지는 않다. 갸름하기보다는 둥글둥글하고 자세도 평이하며, 입고 있는 옷도 두터운 편이어서 몸매가 적나라하게 드러나지도 않는다. 이들은 악기를 연주하는 것은 아니고 무언가를 공양하는 듯한 모습인데 정확히 보이지는 않는다. 둥근 고리와 불자拂子, 연봉오리가 달린 꽃줄기, 산처럼 생긴 관모, 화환 등으로 보이는데 확실하진 않다. 원종대사 비문에는 그가 광종으로부터 마납가사磨衲袈裟·마납장삼磨衲長衫·좌구座具·은병銀瓶·은향로銀香爐·금구자발金釦瓷鉢·수정염주水精念珠 등을 선물 받았다고 되어있는데 어쩌면 그러한 물건들이 곧 왕사라는 것을 상징하는 것이었고, 따라서 이 승탑의 주인공도 그러한 지위를 지니고 있었던 승려라 왕으로부터 받은 물건들을 천인들이 받들고 있는 것으로 표현했던 것은 아니었을까? 만약 이 탑이 원감대사 현욱의 탑이라면 그럴 가능성은 충분히 있다. 그도 진경대사나 원종대사가 그랬던 것처럼 경문왕의 존경을 받았기 때문이다.

옥개석은 목조건축의 서까래와 기왓골을 모방한 몇몇 탑들과 달리 단순하게 표현하면서도 귀꽃이라는 팔각의 끝부분에 높게 솟은 잎사귀를 표현하여 옥개석이 위로 솟구치는 듯한 기운을 느끼게 한다.〈18-14〉 중대석과 더불어 이 탑이 확립한 새로운 전통은 옥개석 위의 또 하나의 작은 지붕돌인데, 이를 받치고 있는 것은 둥그런 석조부재이다. 이러한 형태는 원래 충북 충주시 정토사지에 있었다가 지금은 국립중앙박물관으로 옮겨온 홍법국사실상탑에서도 찾아볼 수 있는데, 홍법국사탑에서는 아예 이것이 탑 자체로 확대되어 있다.〈18-15〉 어떻게 보면 무덤에 놓이는 북돌같이 생기기도 한 이 부재는 아마도 유리병을 형상화한 것이 아닐까 한다. 다시 말해 보통 사리를 탑 안에 봉안할 때 유리병 안에 넣는 경우가 많으므로, 어쩌면 고달사지탑이나 홍법대사탑은 고승의 사리를 원당형 건축 안에 넣어둔 것이 아니라, 마치 투명한 유리병 안에 넣어둔 것을 밖으로 보이게 드러낸 것처럼 표현했다고 볼 수 있다. 이를 통해 사리를 친견하고 싶어 하는 사람들의 마음을 어느 정도 달래주려고 했던 것은 아니었을까.

고달사지 승탑의 규모, 예술성, 장엄된 내용으로 보아 평범한 승려는 아니었을 것이다. 그리고 진경대사를 제외하고는 원감대사 현욱이 가장 적합한 인물이다. 문제는 앞서 지적한 바와 같이 원감대사의 탑으로 보기에는 그

〈18-13〉 관모 같은 것을 들고 옥개석 아래를 날고 있는 비천. 둥글고 복스런 얼굴, 다리를 쭉 뻗고 날아가는 시원시원한 모습에서 강건한 기상이 느껴진다.

〈18-14〉 목조건물의 모습에서 벗어나 이제는 석조 조형물 고유의 개성을 더 강하게 드러내고 있다. 화려한 기와문양 대신 귀꽃 하나에 장식이 집중되어 있다. 또 옥개석 위에는 단순한 상륜이 아니라 마치 작은 유리병이 올라가 있는 것처럼 보인다. 이것이 발전하여 홍법국사실상탑으로 계승된 것이 아닐까?

양식이 다소 후대로 보인다는 것이다. 그러나 실상사 수철화상탑 옆에 있는 스승의 승탑이 오히려 연대가 더 내려오는 것처럼, 9세기 중반에는 아직까지 승탑을 세우는 것이 일반적인 것이 아니었기 때문에 오히려 선구적인 선종 승려들의 승탑은 나중에 가서야 세워지는 경우도 많았을 것으로 생각된다. 따라서 조각사적인 연대는 원감대사의 생몰년대와 다소 맞지 않아도, 중국유학을 마치고 태조의 왕사가 되어 혜목산에 자리잡은 원종대사가 자신의 스승의 스승을 기려 이러한 탑을 세웠고, 이후 원종대사가 입적하자 다시 왕과 그의 제자들이 그를 위해 혜진탑을 세웠다고 본다면 큰 무리는 없을 것으로 생각된다.

　　　　아울러 고구려의 장례법을 계승한 현무가 등장한다고 하는 것은 이들 고승들에 대한 고려왕실의 돈독한 존경을 느끼게 한다. 그들은 돌아가신 고승을 마치 현무의 등에 올려진 세계 그 자체로 인식했던 것이다.

〈18-15〉 홍법국사(?~1017) 실상탑은 탑신 자체가 유리병 모양을 하고 있는데, 고승의 사리를 꽁꽁 감추어 두는 것이 아니라, 이렇게 사리를 담은 병처럼 탑신을 만들어 관람자와 소통하려는 것으로 생각된다.

이야말로
발우가 아닌가?

ㅣ

충주 청룡사지 보각국사탑

이야말로 발우가 아닌가?

충주 청룡사 보각국사탑

석가모니의 발우는 정통성의 상징으로서 그 계승자에게 주어지는 것이다. 승탑의 주인공들은 그런 의미에서 나름대로 정통성을 주장했고, 제자들은 그들의 스승이 바로 발우의 계승자임을 알리고 싶었기 때문인지 점차 발우를 닮은 승탑을 만들기 시작했다. 그 이른 예로서 청룡사 보각국사탑을 들 수 있을 것이다.〈19-1〉

충북 충주시에 있는 청룡사지는 정확한 창건연대는 알려지지 않았으나 고려 후기에 창건되어 조선 후기까지 운영되었던 사찰로 추정된다. 조선 숙종 18년1692에 사찰 운영을 위해 신도들로부터 전답을 기증받은 내용을 기록한 위전비位田碑가 세워져 있어서 임란 이후에도 지역민들의 지원 속에 활발히 활동했음을 알 수 있다.〈19-2〉 그러나 아무래도 이 사찰의 전성기는 보각국사普覺國師 환암 혼수幻庵 混修 1320~1392의 시대였을 것이다.

보각국사는 고려말 혼란기를 살았던 승려였고, 조선 건국 후에는 태조 이성계의 존경을 받았다. 우리는 흔히 고려말이라는 시대를 불교의 타락기로 인식하기도 한다. 대표적인 예가 신돈辛旽 같은 경우다. 그러나 요승으로서 나라가 망하는데 일조한 신돈의 이미지는 어느 정도 조선 왕조에서 만들어낸 이미지라는 사실이 근래에 들어 많이 지적되고 있다. 여기서는 신돈이 그런 사람이 아니었다는 지협적이고 논쟁적인 이야기보다는 고려말 불교계의 전반적인 분위기를 짚고 넘어가야겠다. 그 시기는 비단 신돈만 있었던 것이 아니었기 때문이다. 대표적인 예로는 태고 보우太古 普愚 1301~1382가 있었다. 그는 원나라에 유학가서 임제종을 계승하여 우리나라에 그 계보를 확립하기 위해 노력

〈19-1〉청룡사 보각국사탑 단단한 근육질의 사나이처럼 보이는 이 승탑의 조형미는 새로운 시대를 예고하고 있다.

〈19-2〉 충주 청룡사지 위전비 사찰운영을 위해 1692년 신도들로부터 전답을 기증받은 내용을 기록하고 있다.

했으며, 원 간섭기 동안 기복불교화 되었던 고려불교계를 혁신하여 본연의 전통적인 불교, 특히 선불교를 확립하기 위해 힘썼다. 공민왕의 청으로 왕사가 되었는데, 태조 이성계가 주창한 한양천도가 사실은 태고 보우에 의해 이미 이때 제기되어 공사까지 시작했었다는 사실을 아는 사람은 많지 않다. 그러나 이런 계획은 많은 반대에 부딪혀 무산되고 말았다. 아마 신돈하고는 사이가 좋지 않았던 모양이다. 그래서 그는 잠시 왕사 자리에서 물러나 은거하다가 신돈과 공민왕 사후, 우왕대에 이르러 다시 왕사가 되었다. 사람들은 흔히 조선시대 불교는 억불숭유 시대에 살아남기 위해 대중적, 민중적으로 변한 것이라고 생각하고 있지만, 그러한 외부로부터의 압력이 있기 전에 태고 보우와 같은 고승들에 의해 변혁은 시작되고 있었다. 고려말의 불교계가 중요한 것은 바로 조선불교의 근간이 이 시기에 형성되었기 때문이다. 태고 보우는 얼마나 존경을 받았던지 거의 부처님 대접을 받았다. 그 단적인 예가 바로 그의 사리탑이 한군데에만 있는 것이 아니라, 마치 부처님 사리를 모신 불탑이 여러 군데 세워지는 것처럼 북한산 태고사·양평 사나사·봉암사 외에 청송사·소설암 등 여러 군데에 세워졌다는 것이다. 그리고 그 중 일부는 마치 석가모니의 진신사리를 모신 통도사 금강계단처럼 조성된 것도 있어서 고려말에 고승을 부처와 동일시하는 경향이 본격적으로 등장하고 있음을 알 수 있다. 그리고 앞서 회암사 불사리탑에서 본 바와 같이 부처를 한분의 스승으로서 인식하는 경향도 이 시기에 함께 등장했던 것이다.

청룡사지 보각국사탑의 주인공인 환암 혼수는 바로 태고 보우의 제자인 나옹 혜근을 계승한 대표적인 승려였다. 그 역시 우왕의 국사로 두 번이나 책봉되었는데, 그럼에도 같은 나옹의 제자인 무학대사에 비해 잘 알려지지 않은 것이 사실이다. 아무래도 무학은 새 왕조에서 활약했고 혼수는 망한 왕조에 봉직한 승려여서 그런 차이가 있었던 것이 아닐까. 그러나 비록 무학만큼 우리들에게 잘 알려지지는 않았어도 당시 태조 이성계의 혼수에 대한 예우는 결코 무학에 못지않았다. 그의 행장은 청룡사지에 사리탑과 함께 남아있는 〈보각국사정혜원융탑비〉 및 이를 기초로 쓰여진 조선 전기 『용재총화』, 조선 말기 『동사열전』 등에 전한다. 이들 기록을 전반적으로 훑어보면 아마도 나옹의 제1 제자는 무학보다는 혼수였던 것 같다.

한편 그가 주석한 청룡사에서는 『선림보훈』·『호법론』·『선종영가집』 등 중국에서 잘 알려진 불교 이론서들을 활발하게 간행했는데, 이러한 노력 역시 조선이 건국되기 전에 일어난 일들로서 앞으로 다가올 불교계를 둘러싼 환경변화를 예견한 혼수가 조선불교계에 남겨준 탄탄한 이론적 밑거름이라 하지 않을 수 없을 것이다. 1392년 그가 입적한 후에는 곧바로 이성계에 의해 보각국사라는 시호가 내려졌으며, 이듬해 역시 이성계는 그의 사리탑에 '정혜원융'이라는 탑호를 내렸다. 이 탑호에서 보다시피 정, 즉 선종의 참선과 혜, 즉 교종의 이론을 하나로 통합한 승려로서의 그의 업적을 엿볼 수 있다.

보각국사의 사리탑은 동시기 고승들의 사리탑과 궤를 같이 한다. 대표적인 예로는 회암사에 있는 지공·나옹·무학 삼화상의 사리탑인데, 이들 삼화상의 사리탑은 탑신이 팔각원당형에서 벗어나 점차 둥그런 조형성을 가지게 된다.〈19-3〉 어쩌면 보각국사의 사리탑은 팔각원당형에서 삼화상의 사리탑처럼 둥그런 형태의 탑신으로 넘어가는 중간적 존재라고 할 수 있겠다.

우선 보각국사 정혜원융탑은 통통하고 단단한 느낌이 든다. 지대석은 높으면서 좁은 편이고, 하대석은 연판문을 돌아가며 새겼는데,〈19-4〉 연판 자체의 부조는 그렇게 깊이감이 있는 것은 아니지만, 상대석 자체가 둥글게 부풀어 오르듯이 되어 있어 역시 통통한 느낌이 든다. 연판을 받치는 팔각형의 받침은 아무런 장식이 없이 무심하게 표현하게 되었지만, 마치 지대석이 이중으로 받치고

〈19-3〉 양주 회암사의 무학대사 홍융탑
보각국사와 나옹 혜근 아래에서 동문수학한 승려답게 승탑의 모습도 유사하다.

있는 것 같은 분위기를 연출하여 이 탑은 더없이 공고하게 서있다는 느낌을 준다.

중대석〈19-5〉은 짧지만, 북돌처럼 좌우로 부풀어 있어서 마치 위에서부터의 하중을 받아 돌이 눌린 것 같은 느낌을 준다. 그러나 그렇게 눌러서 부풀어진 느낌은 묘한 탄력감을 주는데 그로 인해 운동감 같은 것도 함께 느껴진다. 중대석의 각 면에는 용〈19-6〉과 사자〈19-7〉를 번갈아 새겼다. 용은 절의

〈19-4〉 기단부는 오래전 통일신라시대의 연판문 대좌 전통을 계승하고 있다.

〈19-5〉 중대석은 짧으면서도 약간 부풀은 듯 표현되었는데, 그래서인지 위에 얹혀진 탑이 엄청난 무게로 다가온다. 이 무게는 돌의 무게가 아니라 보각국사의 위엄의 무게이다.

이름이 청룡사여서 그런지는 몰라도 이 탑의 주요 모티프 중의 하나이다. 상대석은 하대석을 뒤짚어 놓은 모양이지만, 하대석보다 교묘하게 작아서 안정감이 있다.

탑신도 역시 아무런 굄대도 없이 무심하게 상대석 위에 올라가 있다.〈19-8〉 팔각형이긴 하지만, 그 안에 새겨진 부조가 워낙에 고부조여서 둥글둥글하게 부풀어 오른 느낌이 강하다. 팔각형의 모서리마다 새겨진 기둥에는 용이 칭칭 감고 올라가고 있는데 이는 실제 조선 전기 궁궐건축에 즐겨 애용되었을 것으로 생각되는 모티프이다. 자세히 보면 기둥 자체도 둥글게 부풀어 있는데다 용까지 불룩하게 조각되어 탑신이 펑퍼짐하게 퍼져있는 느낌이 강하다. 여덟 면에 새겨진 존상은 사천왕 같기도 하고 금강역사 같기도 하고, 회암사지 불사리탑에서 본 팔금강 같기도 하다. 주목할 것은 몇몇 존상에서는 분명하게 수염이 강조되어 표현된 점이다.〈19-9〉 우리는 사찰 출입문 중의 하나인 천왕문에서 수염이 난 사천왕을 주로 보아왔기 때문에 사천왕에 수염이 있는 것은 당연하다고 생각할지 모르지만, 고려시대까지의 사천왕은 수염이 있더라도 이렇게까지 더부룩한 수염은 아니었다. 이 탑에 새겨진 8구의 존상이 정확히 무엇인지는 모르지만, 이렇게 수염을 기른 것은 이 시기 고려말~조선초에 등장하기 시작한 새로운 표현이 아닐까 추측해본다.

이 위에 놓인 옥개석은 두껍고 짧다. 정확히 말하면 탑신이 워낙 커서 옥개석이 짧아 보인다. 그래서 균형을 맞추기 위해 더 두껍게 만든 것 같다. 지붕골이나 서까래는 표현되지 않았다. 대신에 지붕의 내림마루마다 용이 기어내려오는 것처럼 강렬한 인상의 조각을 새겨놓았다.〈19-10〉 물론 이러한 모습은 실제 건축에서도 보이는 장식이다. 하지만 여기서는 마치 실제 용들이 꿈틀거리는 것처럼 역동적이다. 옥개석의 상단에는 보주가 이글거리고 있다. 동그란 보주에 열 십十자 형으로 불꽃이 표현되었는데, 이것은 보주가 불꽃에 휩쌓여있다는 것을 표현하고자 한 것이다.〈19-11〉 마치 등대처럼 그를 흠모하는 후학 승려와 신도들에게 가야할 곳을 알려주고 있는 듯이 보인다.

이런 부분들이 모여서 이루는 전체적인 인상을 보자.〈19-12〉 이 탑은 매우 무겁다. 탑신부가 우선 옥개석의 무게로 인해 눌린 듯 부풀어 있고,

〈19-6〉 용이 칭칭 감겨있으면서 머리가 가운데에서 정면을 향하고 있다. 용의 전통은 오래된 것이지만, 곤룡포의 용처럼 이렇게 정면을 바라보는 용은 개성이 넘친다.

〈19-7〉 사자는 토실토실하고 깡충깡충 뛰어다니는 것처럼 발랄하다.

〈19-8〉 탑신은 전반적으로 팔각형이지만, 옆으로 부풀어 있고, 그 위에 고부조의 신장들이 새겨져 있어서 더욱 둥글고 팽창되어 보인다. 완전히 둥근 무학대사탑으로 넘어가는 과도기적 표현같다.

〈19-9〉
이렇게 수염이 더부룩한 사천왕은 이 시기에 와서 유행하기 시작한 것이 아닐까 생각되는데, 마치 조선을 건국한 무장세력
들이 여기에 경의를 표하기 위해 모인 것 같다.

〈19-10〉 실제 용 한 마리가 지붕을 따라 스스륵 기어내려오는 것 같다.

〈19-11〉 할 수만 있다면 이 승탑의 설계자는 꼭대기에 밝은 조명을 설치하고 싶었으리라. 대신 화염에 둘러쌓인 보주를 올려 놓았다.

〈19-12〉 이것은 발우다. 붓다가 입적하며 내세의 미륵에게 전해주라고 했던 발우는 법의 계승이며, 남겨진 제자들에게 희망의 상징이었다. 탑의 무게는 곧 발우의 무게였던 것이다.

그 무게 때문인지 중대석도 부풀어 있다. 우리나라에 화려하고 섬세하고 우아한 사리탑은 많이 있지만, 그 무게를 가지고 말한다면 이 보각국사탑처럼 무거운 탑은 없다. 이것이 조선이 추구한 아름다움이고 힘이었다. 이러한 무게감을 강조하기 위해 탑의 부재들은 횡적인, 즉, 옆으로 퍼지는 힘을 강조하고 있다. 그러나 묘하게도 부풀어 오른 중대석과 탑신의 팽팽한 긴장감이 다시금 복원력을 가지고 스프링처럼 위로 튕겨오를 것 같은 느낌을 준다.

　　이 탑을 왜 이렇게 무겁게 표현했을까. 나는 비록 아직 이 탑이 회암사지의 삼화상탑처럼 완연한 둥근 형태는 아니지만, 석가모니의 발우를 상징하고자 했다고 추정하고 싶다. 석가모니는 입적하면서 그를 그리워할 사람들을 위해 가사와 발우를 가섭존자에게 부탁하면서 미래에 미륵불이 올 때까지 그것을 가지고 있어 줄 것을 당부했다고 한다. 발우는 무불상시대에도 석가모니의 상징으로서 육체를 지닌 부처 대신에 자주 등장하는 존재이기도 했다. 아마도 승려의 무덤에 발우를 표현하고자 하는 전통은 스투파의 기원이 발우에 있는 것과도 같다. 조선시대 불교에 있어서 스승은 부처와 같은 존재였기 때문에 통도사 금강계단에서와 같이 진신사리 봉안에 사용되었던 석종형 승탑의 형태를 태고 보우 등 승려의 사리탑에 적용했던 것이라고 했다. 그런데 그 석종형이라는 것은 사실상 발우 형태의 스투파를 동아시아적으로 재해석한 것이다. 보각국사탑은 어쩌면 석종형의 원래의 의미를 알고 보다 더 발우에 가깝게 만들려고 시도했던 것이 아닐까? 이것은 비록 금강계단 형태는 아니지만, 이 역시 인도의 스투파를 모방함으로써 이 탑에 모신 사리의 주인공이 부처와 동급의 승려임을 시각적으로 보여주려고 했던 것처럼 보인다.

　　이것이 만약 발우라면, 우리는 왜 이 탑을 그렇게 무겁게 표현하려고 했는지 이해할 수 있다. 석가모니의 발우에 대해서는 영월 법흥사 승탑에서 잠시 언급하였듯이 석가의 발우는 사천왕이 알나산頞那山의 돌을 깎아 만들었다. 그런데 경전에 의하면 그 발우는 워낙 무거운 것이어서 보통 사람들은 수백명이 달려들어도 들 수 없는 무거운 돌이었다. 사천왕이나 붓다가 아니면 들 수 없는 돌이었다. 거기다 그런 발우 네 개를 겹쳐서 사용하셨으니 그 무게가 얼마나 무거 웠겠는가. 그러니 만약 보각국사탑이 진정 발우라면 당연히 엄청나게 무겁게 표현되는 것은 당연한 일일 것이다. 그렇다면 이 발우에 표현된 8구의 존상 가운데 네 명은 이 발우를 바친 사천왕일 가능성이 높으리라.

이렇게 발우로 표현해놓음으로써 사리의 주인공이 부처와 같은 고귀한 존재이며, 석가모니의 발우를 계승할 위인임을 암시적으로 표현한 것이다. 더 나아가 한편으로는 이러한 위인을 존경하고 공양한 이성계와 같은 조선의 창업주가 마치 사천왕이 부처에게 발우를 바쳤듯이 보각국사에게 발우를 바쳤음을 통해 조선 왕실을 불교교단의 수호자로서 내비치고자 했을 수도 있다.〈19-13〉여기에 등장한 수호신장이 과거와 달리 덥수룩한 수염을 기르고 있음은 단순하게 고대로부터의 도상을 답습하여 표현했던 사천왕과 달리 이성계와 같은 조선 왕실의 인물들을 모델로 했던 것은 아니었는지〈19-9, 19-14〉상상하는 것도 그리 무리한 일은 아닐 것이다.

이 탑은 비록 태조 3년, 조선시대에 만들어진 것이지만, 사실상은 고려시대의 전통을 계승하고 있다고 보아야 할 것이다. 그러나 또 한편으로는 조선의 문화가 조선이 건국한 다음에야 비로소 만들어진 것은 아닐 것이다. 그야말로 이 승탑은 고려불교와 조선불교라는 이분법으로 나누기 이전에 실제 그 당시의 불교를 대변해주는 소중한 인물의 사리탑이고, 또 그 시대의 예술을 보여주는 정화일 것이다. 그 멀고 먼 인도에서 밥그릇을 뒤짚어 무덤을 만들던 전통이 동아시아에서 이렇게나 한참 후에야 다시금 용이 칭칭 휘감고 있는 모습의 발우로 등장하다니, 이것을 예술의 생명력이라고 해야할까, 부처님의 오묘한 조화라 해야할까.

보각국사의 행적을 기록한 〈보각국사정혜원융탑비〉는 조선 전기의 명신 권근이 지은 것인데, 거기에는 공민왕이 나옹화상을 시켜 많은 선승들을 모아놓고 문답 테스트를 통해 훌륭한 승려를 선별하려고 했던 이야기가 나온다. 그때 아무도 테스트를 통과한 자가 없어 공민왕이 아쉬운 마음에 자리를 파하려 하는데 때마침 혼수가 법당 밖에 도착했다. 나옹이 물었다.

"무엇이 문에 임했을 때의 게송인가?"

"안에도 바깥에도 치우치지 않고 가운데 섰구나 입니다."

혼수가 이렇게 답하고 법당 안으로 들어서려 하자 다시 나옹이 물었다.

〈19-13〉 발우를 지키는 무사들. 그것은 불교교단의 수호를 뜻하는 것이며, 이성계가 기꺼이 떠맡고자 했던 임무였다.

〈19-14〉 이성계를 따라 북방을 누비던 여진의 투두란이 혹시 이런 모습이었던 것일까

"무엇이 들어올 때의 게송인가?"

"들어온 다음이나 들어오기 전이나 달라진 것이 없구나 입니다"

혼수가 다 들어오자 나옹이 다시 물었다.

"들어와서의 게송은 무엇인가"

"안과 밖이 애초에 없는 것인데, 무엇이 들어왔다 하십니까?"

정말 순발력있는 대답이다. 공민왕이 이를 듣고 크게 기뻐하며 혼수를 곁에 두고자 했으나 그는 번번히 도망다녔다고 전한다. 아마 이 탑이 고려의 양식인가 조선의 양식인가 보각국사에게 묻는다면 이렇게 말하지 않을까?

"애초에 고려와 조선은 이름에 불과한 것이거늘, 왜 눈에 보이는 것을 보지 않고 자꾸만 이름을 지어 보려고 하는가?"

사람은 죽어
이름을 남기고
승려는 죽어
향을 남긴다

┃

구례 연곡사 승탑

사람은 죽어 이름을 남기고
승려는 죽어 향을 남긴다

구례 연곡사 승탑

도대체 승탑의 팔각원당형 건축 안에서는 무슨 일이 벌어지고 있는 것일까? 돌덩이에 불과한 석부재이지만, 내심 그 안이 궁금하다. 그 안을 들여다보고 싶다면 연곡사로 가자. 지리산 피아골 입구에 위치한 연곡사는 화엄사 말사로서 이 역시 화엄사의 창건주인 연기조사가 신라 진평왕 6년545에 세웠다고 전한다. 절 이름이 연곡사인 것은 연기조사가 이 근방에 이르렀을 때 제비 한 마리가 절을 세울 장소인 이곳으로 안내해주었다고 한데서 비롯되었다는 전설이 있다.

이 절에는 많은 석조유물이 있는데, 승탑만 해도 3기에 이르고, 그 외에 탑비가 1점 전한다. 그 중에서 승탑의 주인공이 알려진 예는 서부도로 불리는 소요대사탑이 유일한데, 그는 조선시대의 승려이다. 그 외 나머지 2기의 승탑은 모두 고려시대 초기에 세워진 것으로 추정되어 그 사승관계를 짐작하기에는 어려움이 많다.〈20-1, 20-2〉 다만 탑비의 경우는 비록 현재 비석의 몸돌은 사라졌지만, 머릿돌 부분에 명문이 남아있어서, 그 주인공이 고려초 경종 연간에 활동한 현각선사玄覺禪師이고 그가 979년(경종 4)에 입적하였다는 사실이 전하므로, 탑비는 그보다 조금 후에 세워졌을 가능성이 있다.〈20-3〉 현재 비신은 남아있지 않고 탁본만이 국립중앙박물관에 전하고 있는데, 그마저도 결실된 글자가 많아 전체의 문맥을 이해하기는 어렵다. 여하간 이 탑비는 연곡사의 승탑들과는 거리가 많이 떨어져 있어서, 승탑들 중의 하나가 현각선사의 승탑이라고 말하기는 어렵다. 그저 소요대사탑을 제외한 나머지 2기의 승탑들이 모두 고려 전기로 추정되고 있으므로, 이 현각선사와 사승관계에 있었던가 아니면 도반이었을 가능성 등을 생각해볼 수 있을 따름이다.

〈20-1〉 연곡사 북승탑
동승탑과 닮았지만, 아마도 그 양식을 계승하여 약간 후대에 만들어진 것으로 보고 있다.

〈20-2〉 연곡사 동승탑
고려시대의 이 승탑은 통일신라시대의 팔각원당형 승탑을 계승하면서도 오히려 그보다 더 목조건축적 성격을
강하게 드러내고 있어 공예품을 보는 듯 하다.

〈20-3〉 현각선사비의 귀부와 이수. 그러나 현각선사는 동·북 승탑의 주인공이 아닌 듯 하다.

　　　　　정확하게 누구의 탑인지 모르기 때문에, 하나는 북승탑,〈20-1〉 하
나는 동승탑〈20-2〉으로 불리고 있다. 대체적으로는 동승탑이 먼저 만들어지고,
이어서 이를 모방하여 북승탑이 만들어진 것이 아닌가 추정되고 있다. 아울러
이 두 승탑은 모두 단아한 풍격을 지녔다고 평가되고 있다. 우선 동승탑의 기본
적인 형태부터 살펴보도록 하자. 맨 아래에는 방형의 지대석을 깔아놓고 그 위
에 3단의 하대석을 설치했다. 3단은 맨 아래에 용, 그 위에 산, 그리고 그 위에

〈20-4〉 용이 노니는 바다와 사자가 다스리는 대지를 통해 자연을 표현한 것으로 보인다.

사자를 돌아가며 새겼다.〈20-4〉 용이 헤엄치는 파도는 둥글게, 산악은 각이 지
게 대조적으로 표현한 것이 인상적이다. 사자는 보다 정돈된 공간 안에 놓여있
는데, 이것을 보면 왠지 사자가 용보다 더 높은 존재처럼 보인다. 만약 그런 인
식이 있었다면 그것은 용이 인도에서는 나가, 즉 뱀신이라면, 사자는 붓다의 음
성을 상징하고, 붓다의 자태를 상징하는 존재여서 붓다 자체를 비유하는 동물이
므로 불교에서는 더 높은 존재로서 충분히 인식될 수 있었을 것이다. 말하자면
용이 노니는 바다 위에 사자좌가 솟아올라와 있는 형국이라 하겠다.

　　　　이 사자좌의 위로는 다시 팔각형의 중대석이 있고, 여기의 여덟
면에는 돌아가면서 무장한 신장상이 새겨져 있는데, 이들이 정확히 무엇인지는
확인하기 어렵다. 그러나 자세히 보면 어떤 신장은 호랑이 가죽을 뒤짚어 쓴 것

〈20-5〉 팔부중을 묘사한 것으로도 보이는데, 무술연마를 하고 있는 것이 마치 춤을 추는 것처럼 보인다.

처럼 맹수의 앞다리 두 개가 턱 밑으로 내려와 있고, 또 어떤 신장은 마치 뱀이나 용의 머리처럼 보이는 것이 마치 야차나 천룡을 상징하는 것처럼도 보여서 혹시 팔부중을 묘사한 것은 아닐까 추정해볼 수도 있다. 옷자락을 바람에 휘날리며 현란한 무술 동작을 시연하고 있는 듯이 보이는 이들은 마치 무협만화의 캐릭터들처럼 개성이 넘치는 모습이다.〈20-5〉

그 위로는 앙련이 새겨진 상대석이 있다. 2중으로 연잎을 돌려서 만든 상대석은 잎마다 섬세한 조각을 새겼고, 그 위로는 탑신을 받치는 괴임이 있는데, 모서리마다 둥근 북돌 장식이 있는 기둥을 세우고, 각 면에는 가릉빈가를 새겼다.〈20-6〉 날개를 달고 있는 이들 반인반조의 존재들은 다양한 악기를 들고 있거나 춤을 추는 듯한 자세를 하고 있다. 비록 어떤 가릉빈가는 몸이 뚱뚱해서 잘 날 수 있을까 의문이 들기는 하지만, 애초부터 나는 것에는 관심이 없었을지도 모른다. 새들은 왜 나는가? 그것은 자신을 헤치려는 적을 피하기 위해서일 것이다. 그러나 천상의 새들은 자신들을 헤치려고 하는 존재가 없기 때문에 나는 기능이 퇴화되었을 수도 있다. 나는 기능을 상실한 새들은 그만큼 태평성대를 상징하는 것으로 보아야 할 것이다. 그렇다면 왜 굳이 음악을 연주하는 동물로서 새를 택했을까? 그것은 현대의 우리들에게도 잠재적으로 남아있는 인식일 텐데 즉, 새의 울음소리는 노래와 같다는 것이다. 숲속에서 들리는 다양한 새들의 지저귐은 때로는 합창처럼 들리고, 때로는 다양한 악기의 합주처럼도 들린다. 그래서 새가 음악을 상징하는 동물이 되었을 것이다.

그 위에는 본격적으로 탑신이 올라가 있다. 여기서 탑신은 아래가 넓고, 위가 약간 좁은 팔각원당형으로서 이를 통해 안정감이 느껴진다. 말하자면 목조건축에서의 안쏠림 기법을 적극 활용한 셈인데, 그 기울기가 중대석에도 적용되어 있어서 마치 중대석과 탑신이 하나의 돌로 관통된 듯한 느낌도 든다. 그리고 하대석의 맨 윗부분도 이와 같은 안쏠림을 하고 있어서 받침과 몸돌이 상호 조화를 이루고 있다는 점에서 더더욱 안정감 있는 분위기를 연출하고 있다. 탑신에는 네 구의 사천왕이 새겨져 있고, 다른 네 면에는 두 개의 문비와 두 개의 공양구가 새겨져 있다. 사천왕은 얕은 부조로 표현〈20-7〉되었지만, 마치 메두사의 머리처럼 무겁게 휘날리는 옷자락이며 펑퍼짐한 갑옷을 입은 것이

〈20-6〉 여기서의 가릉빈가들은 더 이상 나는 기능을 상실한 새 같다. 천상의 새들은 천적이 없기 때문에 굳이 날 필요가 없어서 퇴화된 것일까?

〈20-7〉 사천왕은 얕은 부조로 묘사되었지만, 마치 메두사의 머리처럼 각각이 살아있는 듯한 옷자락과 묵중한 갑옷에서 위엄이 느껴진다.

중세기의 완전무장한 기사처럼 묵중해 보인다. 아마도 창을 들고 있는 상이 북방다문천이 아닌가 생각되는데, 이전에는 북방다문천이면 당연히 탑을 들고 있었지만, 여기서는 탑을 들고 있지 않아서 도상에 변화가 있음을 알 수 있다.

　　　　문비의 모습은 실상사 수철화상탑과 유사한 모습이다. 그리고 수철화상탑의 경우는 창틀로 되어 있던 자리에 여기는 공양구가 새겨졌다. 이들 공양구는 테이블보가 씌워진 책상 위에 다리가 달린 쟁반 같은 것을 올려놓고 그 위에 지붕이 달린 무엇을 올려놓은 것인데, 혹자는 이것을 향로라고도 하고, 혹자는 사리기라고 한다.[20-8] 그런데, 같은 연곡사의 북승탑을 통해서 보면 이 공양구는 향이 나오는 구멍 같은 것이 보이지 않는 것으로 보아 사리기를 표현한 것이 아닌가 생각된다. 그렇게 본다면 고달사지 승탑에서 마치 창틀로 그 내부를 볼 수 있을 것처럼 표현되던 것이 여기서는 아예 내부를 훤히 드러낸 것처럼 표현된 것이다. 다시 말해 여기서의 향로는 단순히 탑신에 새겨진 장식이 아니라 탑신 안쪽 가운데에 자리잡은 실제의 사리공양구로서 표현된 것이다. 두 면의 사리기는 거의 동일한 모습으로 표현되었는데, 그것은 곧 하나의 사리기를 앞뒤에서 보고 있다는 것을 의미하는 것이다. 재미있는 발상이다. 이렇게 붓다, 혹은 사리를 직접 보고 싶어하는 중생들의 마음을 드러낸 화엄사의 사사자 삼층석탑에 이어 여기서는 고승의 사리를 보고자 하는 사람에게 마치 투명한 공간을 통해 이 사리기를 보여줌으로써 중생들의 마음을 달래주고 있는 것이다. 그것도 같은 지리산권의 사찰에서 이러한 양상을 보여준다는 것은 이 지역 예술가들에게 대대로 내려오는 어떤 전통 같은 것은 아니었을까? 여하간 상당히 감각적이다. 고달사지 승탑에서는 사리기로 보이는 유리병을 승탑 지붕 위에 올려두었는데, 그것과 비슷한 개념이긴 하지만, 마치 탑신 내부를 보여주는 듯한 이 연곡사 동승탑이 보다 감각적이다.

　　　　승탑의 옥개석도 인상적이다.[20-9] 흔히 신라석탑의 옥개석은 짧으면서 두툼하고, 백제석탑의 옥개석은 길고 가느다랗다고 하는데, 백제석탑의 영향을 받아서일까 내림마루의 곡선을 보면 아래로 내려오다가 급격히 꺾이면서 거의 수평으로 뻗어나간 것이 다른 승탑들과는 다른 조형감각을 보여준다. 옥개석의 기왓골과 처마의 서까래 표현은 정연하고 섬세하다.

〈20-8〉 탑신의 맞은편에 표현된 거의 동일한 모습의 사리기는 마치 양쪽에서 승탑 안에 놓인 사리기를 바라보는 것처럼 보이게 하기 위한 것으로 보인다.

〈20-9〉 옥개석은 마치 부여 정림사지탑과 같은 백제탑의 옥개석 전통을 이어받은 것처럼 가뿐하고 날렵하다.

옥개석 위의 상륜부는 상당히 높고 복잡하고 화려하다.〈20-10〉 마치 옥개석에서 끝날 줄 알았던 이야기가 반전을 일으키며 또 다른 사건이 전개되는 느낌이 든다. 이러한 상륜부는 연곡사의 다른 부도에서도 보이는 것인데, 그 외에는 국립중앙박물관에 옮겨 전시되고 있는 원주 법천사지 지광국사현묘탑에서도 유사한 양상이 보이고 있다. 지광국사현묘탑은 1085년경에 세워진 것으로 추정되는데, 이러한 승탑 상륜부 형식의 유행은 대략 10세기말~11세기에 걸쳐서 나타난다.

상륜부의 가장 아래에서는 마치 접시처럼 벌어진 연잎이 상부구조를 받치고 있다. 그리고 북돌처럼 생긴 하대석과 그 위로 사이사이 기둥을 두고 복련과 앙련이 있으며, 그 위로 화려한 지붕이 올려져 있는데, 이 지붕 네 면에는 돌아가며 네 마리의 새가 날개를 활짝 펴고 날아갈듯 한 기세로 조각되어 있다. 아쉽게도 이 새들은 머리가 손상되어 있지만 남아있는 부분을 통해 원래

〈20-10〉 네 마리의 봉황이 날개를 펴고 둘러선 가운데 불꽃에 휩싸인 보주가 우뚝 솟아있다. 마치 제자들에게 길을 잃지 말고 스승의 뒤를 따르라는 마음의 등대처럼 다가온다.

얼마나 더 아름다웠을지 짐작이 간다. 이렇게 새들이 둘러선 상륜부의 지붕은 흔히 법당 안에 봉안된 불상의 머리 위에 걸리는 천개 혹은 보개라고 하는 형식을 따라 만든 것인데, 테슬 장식이 늘어진 모습도 정교하게 표현하였다. 그리고 맨 위에는 역시 불꽃에 휩싸인 보주를 올려놓았다.

　　　동승탑과 쌍벽을 이루는 북승탑은 여러 면에서 동승탑을 모본으로 삼고 있지만, 몇 가지 차이점을 찾아보는 것도 재미있다. 첫째는 동승탑에서는 대좌에 앙련만 있고 복련은 없었는데, 북승탑은 중대석과 하대받침 사이에 복련대좌가 들어가 있다.〈20-11〉 그 대신 사자가 표현되었던 층은 사라졌다. 재미있는 것은 전남 곡성 대안사에도 연곡사 부도들과 꼭 닮은 부도인 광자대사탑과 적인선사탑이 있는데, 이 두 탑도 하나는 복련이 없고, 하나는 있다는 것이다. 그리고 복련이 있는 탑에는 사자가 없고, 복련이 없는 탑에는 사자가 새겨져 있다는 점도 동일하다. 마치 하나의 원본을 모방해서 다른 탑을 만들 때 무슨 규칙이라도 있었던 것처럼 보인다.

　　　동승탑과 북승탑의 두 번째 차이는 탑신에서 마치 비어있는 공간 가운데에 사리기를 넣어둔 것처럼 표현되었던 자리에 사리기 대신 향로가 놓여 있다는 점이다. 생긴 것은 사리기와 비슷하지만, 뚜껑 부분에 분명하게 구멍이 뚫려있고, 그곳으로부터 향 연기가 뭉게뭉게 피어오르고 있는 모습을 재미있게 묘사했다.

　　　향로는 다리가 달린 쟁반 위에 올려져 있는데, 이 쟁반은 다시 어떤 인물이 양손으로 받들어 올리고 있는 것이 특이하다.〈20-12〉 이 인물은 아마 희견보살로 볼 수 있을 것이다. 희견보살은 『법화경』〈약왕보살본사품〉에 등장하는데, 당시 법화경을 듣기 위해 부처님 앞에 있었던 약왕보살의 전생이 바로 희견보살이었다. 희견보살 당시에는 일월정명덕불이 세상의 붓다로 계시던 때였는데, 정명덕불이 열반에 들자 정성스레 전단향을 쌓아 그 위에 부처님을 모시고 다비를 행한 다음 사리를 모아 팔만사천기의 탑을 세웠다고 한다. 희견보살이 세운 탑은 "삼세계三世界보다 높고 표찰表刹을 장엄히 하고 곳곳에 번개幡蓋를 늘였으며 여러 가지 보배방울寶鈴을 달았다"고 『법화경』에서는 묘사하고 있다. 그리고서 희견보살은 자신의 양 팔을 태워 붓다에게 공양하였다고 하

북승탑에는 사자 대신 불상대좌의 하대석 같은 복련대좌가 중대석을 받치고 있고, 화려한 귀꽃이 덧붙여졌다.

〈20-12〉
북승탑의 탑신에 새겨진 공양구는 뚜껑에 있는 구멍에서 향이 피어오르고 있어서 향로임을 알 수 있다. 아래에는 향로받침의 다리를 받들고 있는 희견보살로 추정되는 인물이 묘사되어 있어 주목된다.

〈20-13〉
이 탑의 상륜부는 바로 희견보살이 세웠다는 '삼세계에 높은 표찰을 장엄하고 번개를 늘어뜨려 보배방울을 단'
바로 그 탑을 형상화한 것이 아닐까.

는데, 그림으로 묘사될 때는 실제로 자신의 팔을 태우고 있는 모습으로 묘사되기도 하지만, 조각이나 상으로 나타날 때는 이렇게 향로를 머리 위에 이고 있는 모습으로 등장하기도 한다.

그렇게 본다면 희견보살은 붓다의 장례를 주관했고, 또 그 이후에 탑을 세웠으며, 자신의 몸을 마치 한조각 향으로 삼아 태웠으니, 고승의 입적에 즈음하여 그 장례를 표현하는데 있어 이보다 더 적합한 모티프는 없을 것이다. 희견보살이 세웠다는 높은 탑은 어쩌면 연곡사 부도의 높다란 상륜부를 의미하는 것은 아닐까.〈20-13〉 그래서 번개와 방울, 표찰이 화려하게 장식된 것이 아닐까. 나아가 그것이 맞다면 이 탑신의 희견보살은 붓다의 다비와 자신의 팔을 태우는 모티프를 아우르는 장면으로 보아도 좋을 것이다.

결국 연곡사 북부도는 승탑 주인공의 장례에 이어 탑을 세우는 과정 전체를 묘사한 것이라고 볼 수 있다. 아마도 고승의 사리를 보고 싶어하는 중생들이 그 안을 들여다보면 사리만 놓여있는 것이 아니라 마치 장례가 진행중이고, 고승은 다비가 이루어져 한웅큼 향이 되어 피어오르고 있는 것이다. 단순히 사리기만 묘사한 것에 비해 보다 동적이고 현장감있는 묘사라 하겠다. 아울러 사리라는 물질을 보고자 기대한 사람들에게 그 내부가 향으로 가득차 있는 것을 보여줌으로써 물질을 떠난 보다 초월적인 존재로서의 성인을 보여주고자 의도했을 것이다. 모락모락 피어오르는 그 향을 맡아 보자. 사람은 죽어서 이름을 남긴다고 했던가? 그러나 불가에 있어서 이 '이름씨'야말로 가장 덧없고 깨뜨려야할 존재가 아니었던가? 승려는 죽어서 이름 따위는 남기지 않는다. 오로지 그윽한 향이 되어 잡을 수는 없으나 분명히 존재하는 그런 존재로 승화할 뿐이다. 이 탑은 우리에게 그것을 말해주고 있다.

◀ 〈20-14〉 고개를 갸웃 하고 있는 북승탑의 사천왕. 마치 탑 안에서 흘러나오는 향에 취한 듯 어딘가 정신이 팔린 듯한 호기심 어린 사천왕이다.

　　　　유남해 선생님은 필자가 존경하는 사진작가다. 문화재를 더 아름답고 멋있게 사진에 담을 수 있는 작가는 많이 있겠지만, 유남해 선생님은 철저하게 객관적이고 냉철하게 문화재의 있는 그대로의 모습을 담아낼 수 있는 몇 안 되는 사진작가일 것이다. 때문에 불교미술사를 전공하는 필자같은 사람에게 유남해 선생님의 사진은 더할 나위 없이 소중한 자료일 수 밖에 없다. 유남해 선생님을 처음 뵈었던 것은 1995년 무렵 토함산 석굴암 사진촬영을 하면서였다. 특히 불교조각사를 전공하는 필자에게 그날의 경험은 결코 잊을 수 없는 충격이었는데, 그것은 단순히 석굴암 안에 들어가는 것만으로는 느낄 수 없는, 바로 사진촬영을 목적으로 들어갔기에 느낄 수 있었던 석굴암의 진정한 모습을 엿볼 수 있었기 때문이었다. 그날 밤을 새워가며 촬영을 하는데도 처음부터 끝까지 한 치의 흐트러짐도 보이지 않고 눈을 빛내던 선생님의 모습이 무척 인상적이었다.

　　　　그러던 중에 유남해 선생님께서 그동안 일일이 현장을 답사하며 촬영한 불탑과 승탑의 부조 사진들만을 모아 책을 출간하고자 한다는 소식을 접했고, 이어 그에 대한 해설을 집필하는 일을 필자가 담당하게 되었다. 따라서 이 책은 비록 번다한 글들이 많지만, 그 중심은 사진이다. 필자도 단지 도판의 캡션 정도의 글을 염두에 두고 집필을 시작했었다. 그러나 너무나 분명하게 찍힌 사진과 빠짐없이 잘 정리된 사진첩을 보면서 욕심을 내지 않을 수 없었다. 또한 지금까지 불탑이나 승탑을 석조 문화재로서 다룬 글이나 책은 많이 있었지만, 이들을 배제하고 오로지 여기에 부조된 장엄만을 이해하기 위해서는 나름대로의 많은 사전지식이 필요할 수 밖에 없겠다는 생각이 들었다. 그에 대한 사전지식이라면 아무래도 도상학이라는 미술사의 한 분야일 것이다.

　　　　필자는 글을 쓰면서 최대한 쉽게 이 도상학적 이야기를 풀어나가고 싶었다. 하지만 그렇다고 해서 누구나 이미 알고 있는 이야기나 혹은 쉽게 접할 수 있는 이야기를 늘어놓고 싶지도 않았다. 사진이나 그림은 어려운 내용을 쉽게 전달하는 유용한 매개체이다. 유남해 선생님의 사진작품들이 그 자체로서 쉽게 문화재에 접근하도록 유도하고 있는데, 여기에 이해를 돕는답시고 어려운 글을 늘어놓는다면, 혹은 사진이 분명하게 이야기하고 있는 것을 번다하게 다시금 이야기한다면, 사진의 순수한 전달력을 오히려 방해하게 될 것이라는 생각이 들었다. 그래서 글을 쓰는 동안 이 사진들은 필자에게 항상 경쟁의 대상과도 같았다.

아무쪼록 필자의 글이 유남해 선생님의 사진에 누가 되지 않기를 바라는 마음으로 글들을 마무리한다. 글을 쓰면서 연구할 때는 미처 알아채지 못했던 불탑과 승탑 부조의 아름다움을 새삼 느꼈다. 이제는 필자도 독자 여러분과 같은 입장에서 이들 사진들이 이끄는대로 답사를 떠나보려고 한다. 그리고 미처 이 책에 실리지 못한 수많은 탑의 부조상들에게 사과의 말을 전하고, 대신 다른 글에서 보다 깊이 있게 다루어볼 것을 약속한다.

필자가 이런 훌륭한 사진들과 인연을 맺게 해주신 김영애 선생님은 미술사 연구에 있어 필자의 선배이시고, 스스로도 높은 안목을 가지고 계신 분이다. 그럼에도 이 일을 필자에게 맡겨주신 점에 대해 깊이 감사드린다. 아울러 필자의 첫 책의 첫 독자가 되어 꼼꼼히 원고를 읽고 조언해준 제자이자 후배인 김보민에게도 감사드린다. 그리고 수시로 고쳐달라는 필자의 변덕을 싫은 기색 하나 없이 기꺼이 받아준 서현정 디자이너께도 감사를 드리지 않을 수 없다. 독자 여러분께서 그저 재미있게 이 글을 읽어주시는 것만이 이분들께 조금이나마 빚을 갚는 길이리라 생각한다.

2012년 10월

주수완